GRANDES OBRAS DA CULTURA UNIVERSAL
(Clássicos de Sempre)

1. DIVINA COMÉDIA — Dante Alighieri — Em 2 volumes — Ilustrações de Gustave Doré — Tradução, nota e um estudo biográfico, por Cristiano Martins.
2. OS LUSÍADAS — Luís de Camões — Introdução de Antônio Soares Amora — Modernização e Revisão do Texto de Flora Amora Sales Campos — Notas de Antônio Soares Amora, Massaud Moisés, Naief Sáfady, Rolando Morel Pinto e Segismundo Spina.
3. FAUSTO — Goethe — Tradução de Eugênio Amado.
4. LÍRICA — Luís de Camões — Introdução e notas de Aires da Mata Machado Filho.
5. O ENGENHOSO FIDALGO DOM QUIXOTE DE LA MANCHA — Miguel de Cervantes Saavedra — Em 2 volumes — Com 370 ilustrações de Gustave Doré — Tradução e notas de Eugênio Amado — Introdução de Júlio G. Garcia Morejón.
6. GUERRA E PAZ — Leon Tolstói — Em 2 volumes — Com índice de personagens históricos, 272 ilustrações originais do artista russo S. Shamarinov. Tradução, introdução e notas de Oscar Mendes.
7. ORIGEM DAS ESPÉCIES — Charles Darwin — Com esboço autobiográfico e esboço histórico do progresso da opinião acerca do problema da origem das espécies, até publicação da primeira edição deste trabalho. Tradução de Eugênio Amado.
8. CONTOS DE PERRAULT — Charles Perrault — Com 42 ilustrações de Gustave Doré — Tradução de Regina Régis Junqueira. Introdução de P. J. Stahl e como apêndice uma biografia de Perrault e comentários sobre seus contos.
9. CIRANO DE BERGERAC — Edmond Rostand — Com uma "Nota dos Editores" ilustrada por Mario Murtas. Tradução em versos por Carlos Porto Carreiro.
10. TESTAMENTO — François Villon — Edição bilingüe — Tradução, cronologia, prefácio e notas de Afonso Félix de Souza.
11. FÁBULAS — Jean de La Fontaine — Em 2 volumes com um esboço biográfico, tradução e notas de Milton Amado e Eugênio Amado. Com 360 ilustrações de Gustave Doré.
12. O LIVRO APÓCRIFO DE DOM QUIXOTE DE LA MANCHA — Afonso Fernández de Avelaneda — Tradução, prefácio e notas de Eugênio Amado — Ilustrações de Poty.
13. SALAMBÔ — Gustave Flaubert — Tradução de Maria Tostes Regis.
14. GARGÂNTUA E PANTAGRUEL — Rabelais — Tradução de David Jardim Júnior.
15. AVENTURAS DO BARÃO DE MÜNCHHAUSEN — G.A. Burger — Tradução de Moacir Werneck de Castro — Ilustração de Gustave Doré.
16. CONTOS DE GRIMM — Jacob e Wilhelm Grimm — Obra Completa — Ilustrações de artista da época — Tradução de David Jardim Júnior.
17. HISTÓRIAS E CONTOS DE FADAS — OBRA COMPLETA — Hans Christian Andersen —Ilustrações de artistas da época — Tradução de Eugênio Amado.
18. PARAÍSO PERDIDO — John Milton — Ilustrações de Gustave Doré — Tradução de Antônio José Lima Leitão.
19. LEWIS CARROLL OBRAS ESCOLHIDAS — Em 2 volumes. Ilustrações de artistas da época — Tradução Eugênio Amado — Capa Cláudio Martins.
20. GIL BLAS DE SANTILLANA — Lesage — Em 2 volumes. Tradução de Bocage — Ilustrações de Barbant — Vinheta de Sabatacha.
21. O DECAMERÃO — Giovanni Boccaccio — Tradução de Raul de Polillo — Introdução de Eldoardo Bizzarri.
22. QUO VADIS — Henrik Sienkiewicz — Tradução de J. K. Albergaria — Ilustrações Dietrich, Alfredo de Moraes e Sousa e Silva — Gravuras de Carlos Traver.
23. MEMÓRIAS DE UM MÉDICO — Alexandre Dumas (1. José Balsamo — 2. O Colar da Rainha — 3. A Condessa de Charny — 4. Angelo Pitou — 5. O Cavalheiro da Casa Vermelha).
24. A ORIGEM DO HOMEM (e a seleção sexual) — Charles Darwin — Tradução Eugênio Amado.
25. CONVERSAÇÕES COM GOETHE — Johann Peter Eckermann — Tradução do alemão e notas de Marina Leivas Bastian Pinto.
26. PERFIS DE MULHERES — José de Alencar
27. ÚLTIMOS CONTOS — Hans Christian Andersen

ÚLTIMOS CONTOS

GRANDES OBRAS DA CULTURA UNIVERSAL

VOL. 27

Capa de
Cláudio Martins

Tradução
Eugênio Amado

EDITORA ITATIAIA
BELO HORIZONTE
Rua São Geraldo, 53 — Floresta — Cep. 30150-070
Tel.: 3212-4600 — Fax: 3224-5151
e-mail: vilaricaeditora@uol.com.br
www.villarica.com.br

HANS CHRISTIAN ANDERSEN

ÚLTIMOS CONTOS

EDITORA ITATIAIA
Belo Horizonte

2005

Direitos de Propriedade Literária adquiridos pela
EDITORA ITATIAIA
Belo Horizonte

Impresso no Brasil
Printed in Brazil

ÍNDICE

Prefácio	9
O que foi que a lua viu	13
Primeira noite	15
Segunda noite	16
Terceira noite	16
Quarta noite	18
Quinta noite	18
Sexta noite	20
Sétima noite	21
Oitava noite	23
Nona noite	24
Décima noite	26
Décima primeira noite	28
Décima segunda noite	29
Décima terceira noite	31
Décima quarta noite	32
Décima quinta noite	34
Décima sexta noite	35
Décima sétima noite	37
Décima nona noite	38
Vigésima noite	40
Vigésima primeira noite	41
Vigésima segunda noite	42
Vigésima terceira noite	43
Vigésima quarta noite	45
Vigésima quinta noite	46
Vigésima sexta noite	47
Vigésima sétima noite	48
Vigésima oitava noite	49
Vigésima nona noite	50
Trigésima noite	50
Trigésima primeira noite	52
O sortudo	55
Capítulo I	55
Capítulo II	61
Capítulo III	64

Capítulo IV	68
Capítulo V	74
Capítulo VI	78
Capítulo VII	82
Capítulo VIII	88
Capítulo IX	91
Capítulo X	95
Capítulo XI	102
Capítulo XII	106
Capítulo XIII	111
Capítulo XIV	114
Capítulo XV	119
Capítulo XVI	122
Capítulo XVII	128
Capítulo XVIII	131
As cartas nobres do baralho	137

PREFÁCIO
FÁCIL DE LER E ENTENDER

Se, no que se refere a "histórias e contos de fadas", a Villa Rica já havia editado a "obra completa" de Andersen, como explicar o surgimento tardio desses novos contos? Lá vai a explicação, juntamente com alguns dados biográficos acerca do autor, conforme é de praxe em livros desta natureza.

Hans Christian Andersen (1805-1875), segundo confessou em sua autobiografia, tomou a decisão de se tornar famoso no dia em que completou 14 anos. Isso era um objetivo virtualmente impossível de se alcançar para um jovem de origem modesta, de poucos estudos, órfão de pai e que vivia na pequena cidade dinamarquesa de Odense.

Por todas essas razões, já no mês seguinte, arrumou a trouxa e migrou com a cara e a coragem para Copenhague, a capital do país.

Tendo raciocinado que o modo melhor e mais seguro de se alcançar a fama seria trabalhar no teatro, de preferência como ator, cantor ou bailarino, dirigiu-se ao Teatro Real, tendo a sorte de ali chegar justamente no dia em que estavam sendo entrevistados os candidatos a participar do seu elenco fixo como figurantes. Foi contratado.

Não demorou a constatar que jamais conseguiria sair da condição de figurante e alçar-se à de astro, para a qual lhe faltavam porte, voz, agilidade — enfim: talento. Mas poderia tornar-se dramaturgo, poeta ou romancista, pois sabia escrever bem. Faltava-lhe estudo, é verdade, mas isso seria fácil de se resolver — mera questão de tempo.

Assim, embora um pouco tardiamente, voltou a matricular-se na escola e, ao completar 22 anos, concluiu o curso médio, entrando no ano seguinte para a Universidade de Copenhague.

E toca a escrever livros! Tentou diversos gêneros: crônicas, poesia, peças teatrais, narrativas de viagem; um ou outro com algum sucesso, mas não a ponto de torná-lo famoso.

Escrevendo também para jornais e revistas, duas vezes se arriscou a publicar a versão pessoal de histórias infantis que tinha escutado quando criança. Os leitores reagiram bem a essas tentativas, o que o incentivou a publicar, sob a forma de fascículo, uma pequena coleção composta por cinco contos de fadas.

O primeiro deles, "O isqueiro", narrava a esquisitíssima história de um soldado mau-caráter que, depois de trair a confiança de uma bruxa, matá-la a sangue frio e roubar dela um isqueiro mágico, segue até a capital de um reino, acabando por se casar com a princesa local e se tornar o rei, não sem antes dar cabo de todos os juízes locais, bem como de alguns soldados e até mesmo de seus futuros sogros (o Rei e a Rainha)! A moral dessa história é do tipo "o crime compensa", mas, sem embargo desse pequeno detalhe, o fascículo caiu nas graças do público e lhe acarretou o início da fama que ele desfruta até hoje, devido aos outros contos de fadas e histórias ligeiras que foi escrevendo, entre 1835 e 1872, num total de 156, segundo o cômputo que ele mesmo fez.

Em 1874, acreditando estar chegando perto do final de sua existência, Andersen publicou o que imaginou serem as últimas "histórias curtas" de sua vida, inteirando esse total de 156 — "meu patrimônio", segundo suas próprias palavras.

Foram esses 156 contos que compuseram a edição das "Histórias e contos de fadas" de Hans Christian Andersen, publicadas em 1996 pela Villa Rica Editoras Reunidas Ltda. E são esses 156 contos que constituem a maior parte das traduções das obras completas de Andersen espalhadas pelos quatro continentes.

Estava todo o mundo tranqüilo a esse respeito, quando, ao cotejar a edição brasileira com outras, especialmente americanas e inglesas, foi constatada a existência de três historietas que não constavam da relação elaborada pelo próprio Andersen no ano que antecedeu a sua morte. Pesquisa daqui, pesquisa dali, e se descobriu que se tratava de "histórias póstumas", cujos originais foram encontrados entre seus guardados, e que jamais tinham sido publicadas durante a existência do autor.

O que teria levado Andersen a mantê-los inéditos? Impossível dizer com certeza. Dificilmente os teria renegado, pois, nesse caso, já os teria rasgado e jogado fora, como fez com as versões imperfeitas de outros contos seus. O mais provável é que estivessem destinados a uma revisão que não chegou a acontecer.

Revisar e refazer seus escritos foi uma constante na vida de Andersen. Um de seus contos, "A filha do rei do pântano", foi reescrito sete vezes, e só então publicado.

Portanto, caro leitor, é essa a explicação quanto a esses "últimos contos" de Hans Christian Andersen, acerca dos quais quase nada se sabe, seja quanto à data em que foram escritos, seja quanto ao fato de se encontrarem ou não em suas versões finais.

O que se sabe é que são três contos inteiramente diferentes. O primeiro é uma homenagem de Andersen aos pintores, classe de artistas que ele muito respeitava e invejava, já que desenhar era um de seus *hobbies* preferidos. Trata-se de uma coleção de pequenas histórias, cujo desfecho constitui uma sugestão de tema ou de título para um quadro. O segundo é um pequeno romance, cujo personagem principal provavelmente possui algo de autobiográfico. E o terceiro é uma história infantil escrita no estilo típico e inconfundível de Andersen.

Para a tradução, ninguém melhor que Eugênio Amado, a quem já havia cabido a tradução das "Obras completas". Como já me cansei de elogiar esse tradutor em prefácios produzidos para outros trabalhos seus, nada mais digo, para não me tornar repetitivo.

Então, leitor, aceitou a explicação? Estamos conversados e bem resolvidos? Sendo assim, agora só resta prosseguir a leitura e... passar bem.

Lucílio Mariano Jr.

O QUE FOI QUE A LUA VIU

Que coisa mais estranha: quando me sinto invadido por uma sensação de ardor e entusiasmo, minhas mãos e minha língua parecem ficar atadas e tolhidas, não me permitindo descrever com minúcia ou retratar acuradamente os pensamentos que brotam em meu íntimo — e olhem que sou um pintor! Nessas ocasiões, meu olho enxerga muito mais coisas do que consigo mostrar, conforme o podem atestar e confirmar todos os amigos que algum dia examinaram meus esboços e desenhos.

Sou um moço pobre. Moro na cidade, numa ruela muito estreita, mas meu cômodo não é desprovido de luz, pois fica no andar de cima da casa. Como minha janela está acima dos telhados da vizinhança, eles não me tolhem a visão, permitindo-me enxergar bem longe.

Logo que aqui cheguei, proveniente do interior, me senti muito acabrunhado e solitário. Em vez de um poético cenário composto de colinas baixas e bosques verdejantes, tive de contentar-me com a prosaica visão de uma floresta de chaminés verticais a se perder de vista. Além do mais, eu não tinha então um único amigo, nem era saudado por alguém cujo rosto me parecesse familiar.

Certa noite, sentindo-me desanimado, sentei-me à janela, abri-a e pus-me a olhar para fora. Súbito, meu coração começou a bater forte, tomado de alegria! Diante de mim, enxerguei finalmente um rosto bem conhecido — a face redonda, sorridente e amistosa de uma velha e boa amiga: a Lua! Era ela mesma, a antiga companheira dos bons tempos, aquela que costumava aparecer no céu por entre os ramos dos salgueiros, despejando seu clarão sobre a charneca.

Enquanto o luar inundava de luz o meu quartinho, pus-me a mandar beijos para minha velha amiga. A Lua então me prometeu que, toda noite, quando surgisse no céu, não deixaria de me fazer uma visita, ainda que rápida. E, de fato, cumpriu religiosamente a promessa. Pena ser tão curto nosso tempo de prosa, pois ela logo tinha de me deixar para prosseguir seu curso. Mesmo assim, esse intervalo era suficiente para que ela me contasse algo que acabara de ver ou que pudera presenciar na noite anterior.

Desanimado, sentei-me à janela e pus-me a olhar para fora.

— Sugiro que você desenhe as cenas que eu lhe for descrevendo — assim ela me disse —, e desse modo irá compor um belo álbum.

Foi o que eu fiz, durante noites e noites. Os desenhos resultantes até poderiam servir como ilustrações de uma nova versão das "Mil e uma noites", tantos eram eles. Os que aqui reproduzo não foram pinçados aleatoriamente, mas respeitaram a seqüência original de sua execução. Se algum pintor talentoso, ou quem sabe um poeta ou um músico, quiser usá-los como tema, esteja à vontade, pois o que apresento a seguir são apenas esboços feitos a toque de caixa, complementados com comentários pessoais. Cabe ainda mencionar que a Lua não me apareceu todas as noites, pois de vez em quando uma nuvem importuna cobria o céu e escondia seu rosto de minha vista.

PRIMEIRA NOITE

"Na noite passada" — estou transcrevendo fielmente as palavras que a Lua me dirigiu — "eu cruzei o céu sem nuvens da Índia. Avistei o reflexo de meu rosto nas águas do Ganges, e meu facho de luz só de tempos em tempos conseguia atravessar a espessa e intricada folhagem das bananeiras, que, como se fosse um ajuntamento de gigantescos cascos de tartaruga, formava debaixo de mim um impenetrável dossel.

Além do bananal, caminhava uma donzela indiana, ágil e leve como uma gazela, bela como Eva. Embora parecesse uma visão diáfana e etérea, a silhueta dessa filha do Indostão se destacava nitidamente por entre as sombras que a circundavam. Perscrutando as linhas de seu semblante delicado, pude entender o motivo que a tinha trazido até ali. Embora os espinhos das plantas rasteiras ferissem seus pés e dilacerassem suas sandálias, isso não a impedia de prosseguir rapidamente. Ao notar a luz oscilante da lamparina que ela trazia nas mãos, uma corça que viera matar a sede no rio sobressaltou-se e recuou assustada, embrenhando-se depressa no matagal. Num dado momento, a fraca luz da lamparina deixou que a visse limpando os dedos num lenço, e pude notar que estavam sujos de sangue.

Depois de alcançar a margem do rio, a jovem pôs a lamparina na água e deixou que ela descesse a correnteza a flutuar. Seus olhos faiscantes, meio ocultos por longas pestanas sedosas, ficaram a observar a chama, que bruxuleava, ameaçando apagar. Com olhar fixo e intenso, ela acompanhava o seu tremeluzir, na certeza de que, se a lamparina continuasse a arder enquanto estivesse dentro de seu campo de visão, seu noivo ainda estaria vivo. Caso contrário, se a luz se acabasse por extinguir-se, isso significaria que ele tinha morrido.

Teimosamente, a lâmpada se manteve acesa. Ela então caiu de joelhos no chão e orou agradecida. Perto dela, sobre a relva, jazia enrodilhada uma serpente de pele pintalgada, mas ela não notou sua presença. Seu pensamento estava inteiramente voltado para Brama e para a lembrança de seu noivo.

Ele está vivo! — exclamou, tomada de júbilo. — Está vivo!

Seu grito repercutiu na encosta fronteira e voltou até ela em forma de eco, repetindo:

— Está vivo!"

SEGUNDA NOITE

"Ontem", disse-me a Lua, "passei por cima de um pátio circundado por casas. Vi num de seus cantos uma galinha rodeada por onze pintinhos. A ave cacarejava desesperadamente, enquanto uma linda garotinha corria e pulava em torno dela e dos pintinhos. A pobre galinha não parava de gritar, enquanto tentava abrigar a ninhada embaixo de suas asas abertas. Foi então que o pai da menina surgiu e a repreendeu. De minha parte, prossegui meu caminho e não mais pensei naquilo.

Hoje, poucos minutos atrás, passei de novo sobre o mesmo pátio. Tudo estava quieto, quando de repente a tal menina saiu de sua casa, esgueirou-se até o galinheiro, abriu o portão e entrou no recinto onde se encontravam a galinha e os onze pintinhos. Entre pios e cacarejos aflitos, as aves desceram alvoroçadamente do poleiro e puseram-se a correr, perseguidas pela menina. Através da cerca do galinheiro pude acompanhar toda a cena. A teimosia daquela menina me deixou muito aborrecida, e foi com satisfação que vi seu pai saindo de casa, passando-lhe um pito ainda mais severo que o da noite anterior e segurando-a firmemente pelo braço. A garotinha baixou a cabeça, envergonhada, e pude ver que seus olhos azuis estavam marejados de lágrimas.

— Que é que você veio fazer aqui? — perguntou-lhe o pai.

Ao que ela respondeu chorando:

— Eu queria dar um beijo na galinha e pedir desculpa pelo susto que dei nela ontem. Fiquei com medo de contar para o senhor...

Ouvindo isso, o pai abaixou-se e beijou a testa da inocente criaturinha. Emocionada, também deixei que minha luz beijasse sua boca e seus olhos, que ainda estavam úmidos."

TERCEIRA NOITE

"Naquela rua que fica lá no final da cidade, tão estreita que minha luz apenas clareia durante um minuto as paredes das casas — mas esse minuto é o bastante para mostrar-me em que consiste o mundo! — vi hoje uma mulher. Dezesseis anos atrás, ela era uma criança que brincava no jardim de uma velha casa paroquial. O terreno era rodeado por uma cerca viva de roseiras muito antigas, que só davam flores pálidas e sem viço. Havia outras roseiras mirradas que cresciam dispersas ao longo das trilhas. Seus galhos espinhosos se imiscuíam por entre os ramos das macieiras. Viam-se aqui e ali umas poucas rosas em botão, nenhuma rubra e bela como costuma ser a rainha das flores. Apesar disso, tinham lá seu colorido e seu perfume.

Dentre todas, a rosa que me parecia ser a mais linda era aquela menina, a filha do ministro, especialmente quando a via sentada num banco sob um caramanchão, abraçando sua boneca de pano e acariciando suas bochechas.

Vi-a de novo passados dez anos, dessa vez num esplêndido salão de baile: ela era a bela noiva de um rico comerciante. Como me deixou contente aquela sua felicidade! Daí em diante, pude vê-la de tempos em tempos, durante as noites calmas e silenciosas. Ah, ninguém sabe quanta coisa enxergo enquanto meu facho de luz vai percorrendo o mundo!

Mas — oh, dor! — passado algum tempo, aquela minha rosa foi fenecendo e perdendo o viço como as roseiras do jardim da velha casa paroquial. O dia-a-dia é cheio de tragédias, e hoje mesmo pude assistir ao último ato de uma delas...

Vi-a prostrada num leito pobre, numa das casas daquela ruela estreita. Estava doente, quase morta, quando o cruel senhorio entrou no quarto, arrancou a coberta fina que era sua única proteção contra o frio e ordenou:

— Levante-se! Você está com uma cara capaz de deixar qualquer um apavorado! Saia da cama e vista-se. E trate logo de pagar o que me deve, ou irá para o olho da rua! Vamos, levante-se, depressa!

— Tenha dó! — suplicou ela. — Sinto que a morte está se avizinhando. Deixe-me descansar!

Mas ele obrigou-a a se levantar, lavar o rosto e pôr uma grinalda de rosas nos cabelos. Em seguida, fê-la sentar-se numa cadeira junto à janela, colocou uma vela acesa no parapeito e saiu do quarto.

Olhei para a infeliz e notei que ela ficou sentada imóvel, com as mãos no regaço. Uma rajada de vento fez a janela fechar-se com tanta força que uma de suas vidraças se espatifou, desfazendo-se em cacos. Mesmo assim, ela não se moveu. A cortina pegou fogo e, quando as chamas iluminaram seu rosto, pude ver que ela estava morta.

Ali, junto à janela, morreu a filha do ministro. Lá estava ela sentada, condenando, num mudo sermão, os pecados dos homens — pobre rosa desbotada e sem viço colhida no jardim da velha casa paroquial."

QUARTA NOITE

"Hoje eu passei sobre um vilarejo do interior onde iria ser representada uma peça alemã. Na falta de teatro, a peça foi montada num velho estábulo abandonado, adaptado para a ocasião. Dividiram-no em camarotes rústicos e revestiram todo o madeirame com papel de seda. Um pequeno candelabro de ferro pendia do teto, sob uma tina invertida, dentro da qual ele iria encaixar-se logo que soasse o dlim-dlim da sineta que indica o início do espetáculo, a fim de deixar sobre a platéia apenas um foco de luz — como se faz nos grandes teatros.

Dlim-dlim! — e o candelabro foi erguido por cerca de meia jarda, enfiando-se dentro da tina. Já ia começar a peça!

A casa estava cheia, destacando-se entre os espectadores um rico proprietário rural e sua jovem esposa, que estavam de passagem pelo lugar. Sob o foco de luz porém, havia um espaço vazio, como se fosse uma pequena clareira. Ninguém quis sentar-se ali, pois o sebo que derretia do candelabro gotejava sem parar — pling, pling!

Pude presenciar tudo isso porque, devido ao calor reinante, haviam deixado escancaradas todas as aberturas do teto. Do lado de fora, criados e criadas tentavam espiar o que acontecia, através das frestas das paredes. Tentando impedir a ação dos abelhudos, um guarda, postado do lado de dentro do estábulo, ameaçava-os com um grosso porrete.

Junto à orquestra instalou-se o casal dos proprietários, sentados em duas velhas cadeiras de braço. Eram os assentos que o burgomestre e sua esposa costumavam ocupar durante o culto dominical. Naquelas circunstância, porém, tiveram de assentar-se junto com os cidadãos comuns, sobre fôrmas de madeira colocadas de borco no chão. E foi assim que a mulher do burgomestre entendeu em que consistia essa história de distinção de classes. Para o público, aquele incidente acrescentou um brilho extra ao espetáculo.

O facho de luz do candelabro por fim parou de oscilar, o público bateu nos assentos com os nós dos dedos, e eu, a Lua, pude então assistir a toda aquela representação, do princípio ao fim."

QUINTA NOITE

"Ontem" — começou a Lua — "passei sobre o tumulto de Paris. Meu olhar penetrou num dos corredores do Louvre. Ali avistei uma velha senhora, trajada pobremente — via-se que pertencia à classe operária —, seguindo atrás de um funcionário. Atendendo seu pedido, ele a estava levando à majestosa e deserta Sala do Trono, que ela ansiava por conhecer. Como fora difícil para ela chegar até ali e convencer o moço a mostrar-lhe aquele salão! Ao chegarem lá, ela entrelaçou os dedos magros e olhou ao redor com ar de reverência, como se tivesse entrado numa igreja.

Então foi aqui! — exclamou. — Aqui!

Enquanto dizia isso, foi-se aproximando do trono, do qual pendia uma rica peça de veludo debruada por um cordão dourado. E de novo ela exclamou:

Aqui! Foi aqui!

De joelhos, beijou o pano cor de púrpura. Tive a impressão de que estava chorando.

— Essa manta de veludo não foi a original — observou o guia, com um sorriso nos lábios.

— Sim, mas o lugar é este – replicou a mulher —, e o pano devia ser exatamente igual a este aqui.

— Em certos aspectos, o lugar se parecia com este; em outros, não... — replicou o homem. — As janelas estavam arrombadas, as portas estavam fora dos gonzos, e havia sangue sobre o chão.

— Pois mesmo com todas essas diferenças, o fato foi que meu neto morreu sobre o trono de França. Morreu! — repetiu melancolicamente a velha senhora, que depois disso nada mais falou.

Logo em seguida ambos deixaram o aposento. A luz mortiça do crepúsculo foi-se esmaecendo, e a luz do meu luar incidiu diretamente sobre o rico pano de veludo que cobria o trono do imperador deposto.

Sabe quem era aquela pobre mulher? Pois escute a história que lhe vou contar.

Aconteceu na Revolução de Julho, na noite em que ocorreu a mais brilhante vitória do povo. Naquele dia, o palácio se havia transformado numa fortaleza, e suas janelas em seteiras e parapeitos fortificados. O populacho tomara de assalto as Tulherias. Até mulheres e crianças podiam ser encontradas entre os combatentes. Em chusma, invadiram os corredores e salões do palácio. Um rapazinho pobre, vestindo uma camisa surrada, combatia em meio aos revoltosos mais experientes. Num dado momento, ferido mortalmente por golpes de baioneta, caiu prostrado no chão.

Isso aconteceu na sala do trono. Ao verem que o jovem se esvaía em sangue, carregaram-no até o trono e estancar as feridas envolvendo-as naquela capa de veludo. E foi assim que seu sangue empapou a púrpura imperial.

Que quadro, meu amigo! O salão esplêndido, servindo de cenário para uma luta sem trégua! Arrancada e rasgada, a antiga bandeira do Império era pisoteada no chão, enquanto o pendão tricolor ondulava acima das baionetas. No trono jazia o pobre rapaz, cujo rosto, embora exultante, estava tomado por uma palidez mortal. Ali estava ele, prestes a morrer, olhos voltados para o céu, os membros se contorcendo em agonia mortal, o peito exposto e ferido, e sua pobre roupa esfarrapada meio escondida pelo rico pano de veludo enfeitado com lírios de prata.

Quando bebê, alguém que o fora visitar tinha profetizado: "Este aqui morrerá um dia no trono de França!" Para a mãe que escutou o vaticínio, aquelas palavras prenunciavam o surgimento de um segundo Napoleão...

Meu clarão que tantas vezes iluminara as lápides dos *immortelles*, esta noite beijaram a testa da velha senhora, que imaginou chegar um dia a ser rainha-mãe, e cujo neto — pobre rapaz! — de fato veio a morrer sentado sobre o Trono Imperial de França.

SEXTA NOITE

"Estive ontem em Uppsala", disse a Lua. "Espiei aqui de cima a grande planície revestida de relva grosseira e as colinas recobertas de campinas estéreis. Minha face se refletiu no rio Tyrus, no momento em que as ondulações formadas à passagem do barco a vapor afugentavam os peixes. Abaixo de mim erguiam-se as ondas, criando longas sombras que encobriam os chamados túmulos de Odin, Tor e Friga. A relva escassa que recobre as encostas das colinas tinha sido raspada aqui e ali, formando os nomes de quem por lá havia passado. Aqui não há monumentos ou obeliscos nos quais os viajantes possam ter seus nomes gravados, nem muralhas rochosas em cuja superfície possam pichá-lo, e é por isso que têm de se contentar com o recurso de raspar a grama para deixar assinalada a sua passagem. Com isso, a terra desnuda assoma sob a forma de letras garrafais, compondo uma verdadeira rede de nomes que cobre toda a encosta.

Eis em que consiste a "imortalidade passageira", que só dura enquanto a relva não renasce.

No topo da colina via-se um homem, um poeta. Depois de esvaziar sua cornucópia de borda prateada, ele murmurou um nome de mulher, suplicando aos ventos que não o revelassem a quem quer que fosse. Mas sua súplica de nada adiantou, ao menos para mim, que escutei nitidamente o nome que ele havia murmurado: era de alguém que eu conhecia muito bem. Era o nome de uma dama nobre, um nome sobre o qual cintilava um diadema de ouro, razão pela qual o poeta não queria propalá-lo aos quatro ventos.

Isso me fez sorrir, pois sempre soube que os nomes dos poetas também são cingidos por um diadema: a coroa da Fama. A nobreza de Eleonora d'Este está intimamente associada ao nome de Tasso. Como ele, também sei onde é que floresce a Rosa da Beleza!"

Depois que a Lua disse essas palavras, uma nuvem se interpôs entre mim e ela. Que nenhuma nuvem em momento algum se possa interpor entre o poeta e a rosa!

SÉTIMA NOITE

Ao longo do litoral se estende uma floresta de abetos e faias. É fresca e fragrante a madeira dessas árvores, visitadas na primavera por centenas de rouxinóis. Entre a mata e o mar — esse mar que se transfigura a cada instante — foi construída a larga rodovia. Por ela passam as carruagens, uma atrás da outra, mas não quis segui-las, pois meu olhar preferiu deter-se sobre um determinado ponto. Vi ali uma dessas colinas baixas que o povo chama de "túmulos bárbaros". Abrunheiros e ameixeiras-bravas cresciam ali luxuriantemente entre as pedras. Nesse ponto a Natureza estava envolta em genuína Poesia.

E como acha que os homens reverenciavam a poesia que ali havia? Pois vou contar-lhe o que foi que escutei durante toda aquela noite.

Primeiro, vi passarem dois ricos proprietários.

— Veja que árvores magníficas! — exclamou um deles.

— Com certeza! Estou imaginando a quantidade de lenha que cada uma pode produzir! — comentou o outro.

— Bem lembrado! Vamos ter inverno rigoroso, e da última vez em que tivemos outro igual, o preço da carga de lenha chegou a quatorze dólares!

Pouco depois passaram por ali dois outros sujeitos. Um deles comentou:

— Como está péssima a estrada neste ponto!

Ao que seu companheiro comentou:

— Pudera! Aqui somente sopram os ventos vindos do mar. A barreira formada por essas malditas árvores não deixa que cheguem até aqui os ventos de terra!

Logo depois passou uma diligência barulhenta. Nenhum passageiro viu a beleza do lugar, pois todos estavam dormindo. O cocheiro soprou sua corneta. Através de seus olhos erguidos para o céu, pude ver o que ele estava pensando:

'Sei tocar admiravelmente! A ressonância daqui é esplêndida! Acho que os passageiros devem estar gostando de me escutar.'

E a diligência desapareceu numa curva da estrada.

Aí passaram dois rapazes a cavalo. Esses dois devem ter espírito poético, pensei, ao ver o brilho nos olhos de um deles, ao contemplar a colina e a floresta. Mas o comentário que ele fez logo me desanimou:

— Bem que eu gostaria de passear por aqui com a filha do moleiro...

E os dois prosseguiram a galope.

A brisa silente espalhava o perfume das flores. O mar parecia ser o prolongamento do céu que se estendia por sobre os vales; Passou por ali um coche com seis passageiros. Quatro estavam dormindo. O quinto tinha o pensamento voltado para o paletó de verão comprado no dia anterior, e que ele imaginava cair-lhe muito bem. O sexto dirigiu-se ao cocheiro e lhe perguntou se haveria algo digno de atenção com referência às pilhas de pedras que se viam ao longe. O cocheiro respondeu que não, que aquilo ali não passava de pedras empilhadas naturalmente, concluindo:

— Dignas de atenção, aqui, são essas árvores.

— E posso saber por quê?

— Pode, sim. É porque, no auge do inverno, quando a camada de neve é mais profunda, ela esconde completamente o leito da estrada. Então, se não fossem essas árvores que me servem de referência, eu correria o risco de errar o caminho e enfiar o coche pelo mar a dentro. Como pode ver, são árvores de fato dignas de atenção.

Veio em seguida um pintor. Não disse uma palavra, mas seu olhos rebrilhavam. Começou a assobiar. Nisso, o rouxinol passou a cantar mais alto do que costumava fazer. 'Cante mais baixo!', ordenou com impaciência, enquanto tentava reproduzir todas as cores, tonalidades e matizes que via, especialmente os tons de azul, de lilás e de castanho-escuro. *'Com essas cores hei de pintar um belo quadro!'*, comentou em voz baixa. Aos poucos reproduziu o que estava a sua frente com a fidelidade de um espelho, sempre assobiando uma marcha de Rossini enquanto trabalhava.

Por fim, passou por ali uma jovem pobre que, pondo no chão a trouxa que vinha carregando, sentou-se para descansar junto ao "túmulo bárbaro". Inclinando em direção à floresta o rosto belo e pálido como se quisesse escutar os sons que de lá provinham, postou-se ali com os olhos a brilhar. Em seguida, desviou seu olhar ora para o mar, ora para o céu, cruzou as mãos e, segundo me pareceu, se pôs a rezar o painosso. Ela própria não podia compreender o sentimento que a arrebatava, mas sei que aquele minuto e aquela paisagem tão linda hão de estar presentes em sua memória durante muitos e muitos anos, com cores mais vivas e reais que as utilizadas pelo pintor em seu esboço. Mantive seu semblante sob a luminosidade do luar até que por fim os primeiros raios do sol nascente vieram beijar sua testa.

OITAVA NOITE

Nuvens pesadas cobriram o céu, e nesta noite a Lua não me apareceu. Mais solitário do que nunca, fiquei em meu quarto de olhos erguidos para o céu, fitando o ponto em que ela costumava surgir. Meus pensamentos voaram para bem longe, para junto daquela amiga que toda noite me contava histórias tão belas e descrevia cenários e cenas tão maravilhosos. Era grande, era enorme a sua experiência! Ela tinha deslizado sobre as águas do Dilúvio e contemplado, sorrindo, a arca de Noé, do mesmo modo que agora olhava de soslaio para mim, trazendo o conforto e a promessa do mundo novo que iria resultar do velho. Quando os filhos de Israel sentavam-se a chorar junto às fontes da Babilônia, ela contemplava tristemente os salgueiros dos quais pendiam suas harpas silentes. Quando Romeu galgou o balcão de Julieta, e suas mútuas promessas de amor verdadeiro adejaram como querubins em rumo ao céu, a Lua redonda pairava, semi-escondida entre os escuros ciprestes, na atmosfera lúcida e transparente. Ela estava presente no momento em que o grande homem desterrado na ilha de Santa Helena, mirava, do alto do rochedo solitário, o horizonte infinito, tendo a alma tomada por idéias e planos grandiosos.

Ah, quantas histórias ela tinha para contar, já que conhece a vida de cada um de nós! Pena que hoje não poderei encontrá-la, querida amiga. Hoje você não me fornecerá um tema para retratar, extraído dentre os fatos e lances que você viu.

Mas eis que, num instante em que eu olhava sonhadoramente para as nuvens, uma nesga do céu se abriu e deixou passar um raio de luar que me alcançou. Foi só um lampejo que logo se interrompeu, e sem tardança as nuvens escuras voltaram a cobrir o céu. Mas aquele efêmero clarão não deixou de representar uma saudação, um amistoso boa-noite que a Lua me dirigiu.

NONA NOITE

De novo, uma noite de céu limpo. Agora a Lua já estava na fase de quarto crescente. E ela novamente me forneceu um bom tema para um esboço. Vejam o que foi que ela me disse.

"Segui o petrel e a baleia-branca até a costa oriental da Groenlândia. Nuvens escuras cobriam um vale circundado por rochedos revestidos de gelo. Salgueiros enfezados e arbustos de uva-espim marchetavam de verde a paisagem branca. Licnídeos em flor exalavam suave aroma. Minha luz reluzia tênue, e meu semblante estava pálido como um nenúfar arrancado de seu talo pela força da maré e arrastado durante semanas pelas ondas do mar. Como uma coroa no céu, a aurora boreal cintilava com fulgor. Seu aro era largo, e de sua circunferência dardejavam raios quais lanças inflamadas, que atravessavam todo o céu, refulgindo em radiações que mudavam de cor, passando do verde ao vermelho.

Os moradores daquela região gelada estavam reunidos para uma festa. Embora acostumados à visão daquele fantástico espetáculo, não conseguiam desviar dele os seus olhares. Um certo momento, porém, um deles falou:

— Vamos deixar que a Alma da Morte continue a se divertir, arremessando ao longe as cabeças das morsas.

Era assim que eles, em sua superstição, explicavam a origem daquele fenômeno. Depois disso, todos voltaram sua atenção para a música e a dança.

No meio da roda, depois de tirar sua capa de peles, postou-se um groenlandês, com um flautim, e passou a tocar e cantar uma canção que descrevia uma caçada de focas, enquanto que os demais cantavam em coro o estribilho "*Ia-ia-ah!*" Quem os visse vestidos com seus trajes de peles brancas, dançando em roda, poderia até imaginar que se tratasse de um baile de ursos polares .

Terminada a dança, teve início uma sessão de sua Corte de Justiça. Dois groenlandeses que tinham uma pendência a resolver deram um passo à frente. O que se julgava ofendido improvisou uma canção cuja letra descrevia os maus feitos de seu ofensor. Era evidente sua intenção de ridicularizar o adversário. Enquanto ele cantava, o flautim tentava acompanhar a cantiga, entoada no mesmo compasso da dança. Chegando a sua vez, o acusado replicou, cantando uma sátira igualmente irônica, enquanto os assistentes caíam na risada e davam seu veredito.

Enquanto isso, ao longe, rochas se soerguiam, geleiras se derretiam e grandes blocos de gelo e neve desciam das montanhas em avalanche, esboroando-se à medida que avançavam, durante aquela gloriosa noite groenlandesa de verão.

A uma centena de passos dali, sob uma tenda de couro, jazia um enfermo. A vida ainda fluía através de seu sangue quente, mas ele estava prestes a morrer, e tinha plena consciência disso. Também os que o rodeavam não ignoravam que seu fim estava próximo, e era por isso que sua mulher já estava costurando a mortalha de peles que iria envolvê-lo, e que ele deveria envergar ainda com vida, já que era vedado a ela tocar seu corpo depois de morto. Enquanto trabalhava, ela perguntou:

— Queres ser enterrado em terra, sob uma camada de neve? Se assim preferires, enterrar-te-ei juntamente com teu caiaque e tuas flechas, e pedirei ao *angekokk* que dance sobre teu túmulo. Ou será que preferes ser sepultado no mar?

— Prefiro no mar — murmurou ele, e meneou a cabeça, sorrindo tristemente.

— O mar é uma tenda de verão bem aprazível — concordou a mulher. — Há milhares de focas brincando nas águas, há morsas que irão deitar-se junto a teus pés, e ali poderás caçá-las sem problema algum.

Com a alacridade típica das crianças, seus filhos rasgaram o couro da pequena embarcação, fazendo um buraco através do qual o corpo acabaria descendo ao fundo do mar encapelado, aquele mar que em vida lhe fornecera o alimento, e que a partir desse momento iria proporcionar-lhe um local de repouso. Como lápide mortuária, ele teria os *icebergs* que mudam de forma constantemente, sobre os quais dormitam as focas, enquanto os andorinhões-das-tormentas voam ao redor de seus topos cintilantes."

DÉCIMA NOITE

"Conheci uma velha senhora", disse a Lua, "que, ao chegar o inverno, tirava do armário um quimono de cetim amarelo, que mantinha sempre com aspecto de novo, e o envergava dia após dia, sem

A velha senhora sempre era vista junto à janela,
enfeitada com belas flores durante o verão.

jamais usar outro traje. Já durante o verão, usava como único adereço um chapeuzinho de palha trançada, e envergava um vestido cinza-azulado, sempre o mesmo, segundo me parecia.

Ela nunca saía de casa, exceto para atravessar a rua e visitar uma velha amiga. Nos últimos tempos, porém, nem mesmo isso ela estava fazendo, pois sua velha amiga morreu. Em sua solidão, a velha senhora sempre era vista junto ao parapeito da janela, cuidando das belas flores que o enfeitavam no verão, e das florezinhas de agrião que ela cultivava sobre feltro durante o inverno.

Neste último mês ela não apareceu junto à janela, mas eu sabia que ela estava viva, pois não vi qualquer sinal de que teria encetado "a longa viagem" da qual costumava falar com a amiga. Quando o assunto era esse, ela costumava dizer:

Sim, sim; quando eu morrer, farei uma viagem mais comprida do que qualquer uma que fiz durante a vida. O mausoléu de minha família fica a seis milhas daqui. Gostaria de ser levada para lá, a fim de repousar ao lado de meus pais e meus irmãos.

Na noite passada, uma carroça fechada parou diante de sua casa. De dentro do carro tiraram um caixão, sinal de que a velha senhora tinha morrido. Ao voltar, puseram-no sobre um leito de palha, e a carroça se foi. Dentro do caixão dormia tranqüilamente aquela senhora que, durante todo este ano, não tinha saído de casa uma vez sequer.

Pela velocidade com que a carroça transpôs a porta da cidade, dir-se-ia que o cocheiro estava seguindo para um piquenique. Ao entrar na estrada, ele fez com que os cavalos apressassem ainda mais o passo, e em momento algum olhou para trás, talvez com receio de ver a velha senhora sentada sobre o caixão, envergando seu costumeiro quimono de cetim amarelo. Demonstrando seu pavor, ele açoitava vigorosamente os cavalos, puxando tão retesadamente as rédeas que os pobres animais até espumavam — e olhem que se tratava de exemplares jovens, vigorosos e ardentes! Num dado momento, uma lebre saltou no meio da estrada e os assustou, fazendo-os galopar ainda mais rápido. A velha e tranqüila senhora, que por anos e anos seguidos mal saíra de casa, nunca ultrapassando o exíguo raio de alcance de suas visitas monótonas e enfadonhas, agora que estava morta sacolejava sobre os ressaltos e depressões daquela estrada pública com calçamento de pedra.

Súbito, a um sacolejo mais forte, o caixão deixou seu leito de palha, foi arremessado para fora da carroça, caiu na estrada e ali foi deixado, enquanto cavalos, cocheiro e carroça prosseguiam em sua carreira infrene.

Pela manhã, uma cotovia do campo passou voando por ali, gorjeando sua saudação matinal. Vendo o caixão, pousou sobre ele e se pôs a arrancar, um por um, os fragmentos de palha que o cobriam, até que por fim resolveu retomar seu vôo, cantando alegremente. Também eu tratei de ir embora, dobrando o horizonte atrás das rubras nuvens da manhã."

DÉCIMA PRIMEIRA NOITE

"Vou descrever-lhe uma cena a que assisti em Pompéia", disse-me a Lua. "Eu estava no subúrbio daquela cidade, na rua que chamam de Via das Tumbas, ladeada de belos monumentos. Ali, séculos atrás, em seus templos enfeitados com grinaldas cor-de-rosa, os alegres jovens locais dançavam com as belas irmãs de Laís. Agora, a calmaria da morte reina por toda parte. Mercenários alemães que, a serviço do Governo de Nápoles, montam guarda no lugar, estavam jogando cartas e dados. Num dado momento, uma multidão de forasteiros vindos de além das montanhas entrou naquela rua, seguindo atrás de uma sentinela. Queriam assistir ao espetáculo daquela cidade que tinha sido exumada de seu túmulo, e que era então iluminada apenas por meus raios. Mostrei-lhes os sulcos feitos pelas rodas dos carros nas ruas pavimentadas com grandes lajotas de lava, e em seguida os nomes dos moradores escritos nas portas e nas tabuletas que ainda pendiam delas. Chegando a um pequeno pátio, viram as fontes, com suas bacias em forma de concha, mas delas a água não mais esguichava, nem canção alguma se ouvia nos cômodos ricamente decorados, e cujas portas eram vigiadas por cães de bronze.

Aquela era a Cidade da Morte! Ali, apenas se escutava o ronco surdo do Vesúvio, entoando seu hino perpétuo e ameaçador, de vez em quando assinalado por uma estrofe mais vibrante, à qual os homens dão o nome de erupção.

Dali seguimos para o templo de Vênus, todo de mármore branco como neve, com seu altar-mor se ostentando logo à frente da larga escadaria, e os salgueiros-chorões germinando viçosamente entre as colunas. O céu azul e o ar transparente compunham o cenário que tinha ao fundo o negro Vesúvio, sempre vomitando labaredas e encimado por uma nuvem de fumaça, lembrando o tronco e a copa de um pinheiro cor de sangue, destacando-se no horizonte da noite silente.

Fazia parte do grupo de visitantes uma cantora famosa e festejada. Muita vezes testemunhei as homenagens que lhe foram prestadas nas maiores cidades da Europa. Ao chegarem ao anfiteatro, sentaram-se todos nos degraus, e assim um trecho da arquibancada foi ocupada por assistentes, como costumava ocorrer outrora. O palco ainda era o mesmo, com paredes laterais à guisa de cenários e dois arcos ao fundo, através dos quais os espectadores viam a mesma cena tantas vezes exibida nos velhos tempos — pintada pela própria Natureza — das montanhas que separam Sorrento de Amalfi.

A cantora entrou alegremente no palco e começou a cantar. O lugar lhe trazia inspiração, e sua figura me fez lembrar um cavalo árabe selvagem que se precipita impetuosamente com as narinas arfantes e crinas esvoaçantes — sua voz era tão suave e ao mesmo tempo tão firme! Logo depois pensei na figura da Mãe Dolorosa no Gólgota, mirando de baixo aquela Cruz, tão profunda era a dor que ela conseguia expressar. E, do mesmo modo que tantas vezes tinha acontecido havia milhares de anos, o estridor dos aplausos e as manifestações de deleite voltavam a encher o anfiteatro. 'Que técnica! Que talento!', exclamaram os espectadores. Passados cinco minutos, o palco já estava vazio, não havia mais espectadores e não se escutava som algum — foram-se todos. Restavam apenas as formidáveis ruínas, que ali ainda estarão quando os séculos tiverem passado e ninguém mais se lembrar daquele momento de glória e triunfo de um cantora excepcional. Sim, meu amigo, quando tudo tiver passado e tiver caído no completo esquecimento, até mesmo para mim esse momento não passará de um sonho perdido no passado distante."

DÉCIMA SEGUNDA NOITE

"Ontem espiei através da janela da casa de um editor", disse a Lua. "Era numa cidade da Alemanha. Vi ali belos móveis, muitos livros e uma pilha caótica de jornais. Alguns jovens se encontravam no escritório, ladeando o editor, que, sentado em sua secretária, tinha nas mãos dois originais de autores jovens, à espera de serem analisados.

— Este aqui, faz dias que me foi enviado — comentou o editor, — mas ainda não tive tempo de examiná-lo. Será que é bom?

— Oh — disse um dos moços, que era um poeta —, creio que deve ser um trabalho interessante; provavelmente um pouco extenso, mas há que se levar em conta a juventude do autor. Os versos poderiam certamente ser mais bem elaborados, mas os temas provavelmente foram bem escolhidos, e é quase certo que se ressintam da presença de alguns lugares-comuns. Mas que fazer? Novidades são artigo raro hoje em dia... Não creio que ele possa produzir alguma coisa grandiosa, mas seu texto, com certeza, é digno de elogios. Ele tem cultura, entende bastante de assuntos relacionados com o Oriente e é um sujeito criterioso. Foi ele quem escreveu aquela excelente resenha a propósito de minhas *Reflexões sobre a vida doméstica*. Creio ser nosso dever dispensar-lhe um tratamento generoso.

— Mas ele é medíocre da cabeça aos pés! — protestou outro cavalheiro. — Nada pior em Poesia do que a mediocridade, e mais do que isso ele jamais conseguirá ser.

— Pobre sujeito! — observou um terceiro. — E dizer que aquela tia dele sente tanto orgulho do sobrinho! Aliás, Sr. Editor, foi ela a responsável pela venda de vários volumes daquela tradução que o Sr. Editou pouco tempo atrás

— Ah, aquela boa senhora! Bem, vou preparar a notícia deste livro, pois pretendo editá-lo dentro em breve. *"Indubitável talento"*, *"um presente para os leitores"*, *"uma nova flor colhida no jardim da Poesia"*, *"excelente apresentação"*, e por aí afora. E quanto a este outro livro, cujo autor também gostaria de que eu o editasse? Ouvi dizer que é um escritor talentoso. De fato, parece que talento é coisa que não lhe falta. Que acham dele?

— De fato, todo mundo concorda com que ele tenha talento — respondeu o poeta —, mas, por outro lado, ele tem revelado uma certa rebeldia. No que tange à pontuação, por exemplo, esta não se prende muito às regras gramaticais...

— Será bom para ele se dissecarmos seu livro e expusermos seus defeitos, a fim de evitar que ele acabe formando uma opinião boa demais a seu próprio respeito.

— Discordo dessa opinião — protestou o quarto. — Não vale a pena preocupar-nos com pequenas falhas, deixando de reparar na enorme quantidade de coisas boas que ele escreve, e que superam enormemente seus poucos defeitos.

— Mas também não é preciso exagerar. Se ele de fato for um gênio, não irá deixar-se abater pela crítica, por mais áspera que ela seja, assim como os elogios que tantos lhe fazem não haverão de subir-lhe à cabeça.

"*Inegável talento*" — escreveu o editor, — "*mas que ainda se ressente de uma certa negligência. Um exemplo disso são os dois versos de pé quebrado constantes no soneto transcrito na página 25. Seria recomendável para o autor uma releitura dos clássicos*"... etc. e tal.

Depois disso, deixei aquele lugar" — prosseguiu a Lua — "e fui espiar o que estava acontecendo atrás da janela da tia do primeiro autor. Ali estava sentado o poeta prestes a receber elogios, o tal que era bem-comportado. Todos os presentes lhe rendiam homenagens, e ele estava feliz.

Depois fui ver o outro poeta, o *rebelde*. Também o encontrei numa reunião na casa de seu livreiro, no momento em que o livro de seu colega bem-comportado estava sendo examinado.

— Vou ler o seu livro também — disse-lhe o mecenas, — mas, para ser franco, pois você sabe que nunca lhe escondi minha opinião, não espero muito dele, pois você é muito rebelde e excêntrico. Tenho de admitir, entretanto, que, como pessoa, você é altamente respeitável.

Sentada num canto, uma jovem acabava de ler num livro esses versos:

> *Jaz na poeira o gênio e jaz a glória,*
> *Novos talentos sempre vão surgir;*
> *Essa é uma história velha como o mundo,*
> *Que todo dia vai se repetir.*

DÉCIMA TERCEIRA NOITE

Disse-me a Lua:

"Além da trilha da floresta há duas choupanas. Suas portas são baixas e suas janelas são, umas, muito altas; outras, rentes ao chão. Em torno das choupanas crescem pilriteiros e uvas-espim. Os dois tetos são revestidos por musgos, margaridinhas e alcachofras-dostelhados. Repolho e batata são as únicas plantas cultivadas nos canteiros, mas além da sebe que as rodeia ergue-se um bonito salgueiro.

Debaixo dele estava sentada uma menininha, olhos fixos na folhagem do velho carvalho que ficava entre as duas cabanas.

Era um velho tronco nodoso. Eu podia avistar, entre as folhas, o ninho de uma cegonha. Lá estava ela, batendo o bico ruidosamente. Era para a cegonha que a menininha estava olhando.

Chegou um menino — era seu irmão — e se sentou ao lado dela.

— Que está olhando? — perguntou ele.

— Estou vigiando a cegonha — respondeu ela. — Os vizinhos disseram que ela, talvez ainda hoje, vai trazer um irmãozinho ou uma irmãzinha. Estou esperando para ver.

— Não é a cegonha que traz os bebês! — protestou o menino. — Você devia saber disso! Nossa vizinha também me disse isso, mas falou rindo, e eu então perguntei se ela tinha coragem de jurar por Deus que aquilo era verdade, e ela ficou despistando. Com isso, eu vi que essa história de cegonha é mentira, e que os adultos nos dizem isso apenas para se divertirem às nossas custas.

— Mas, então, de onde é que vêm os bebês? — perguntou a menina.

— Bem, um anjo do céu os traz escondidos debaixo do manto, mas isso é coisa que ninguém pode ver, e é por isso que a gente nunca sabe quando é que acontece.

Nesse instante ouviu-se um farfalhar nos galhos do salgueiro. As crianças se deram as mãos e se entreolharam. Aquilo deveria ser o anjo chegando com o bebê. Estavam assim de mãos dadas, quando a porta de uma das casas se abriu, e a vizinha apareceu.

— Venham ver, crianças! — disse ela. — Venham ver o que foi que a cegonha trouxe! É seu irmãozinho!

O casal de irmãos trocou uma piscadela maliciosa, e ambos sorriram, pensando: "Coitada! Querendo enganar-nos! Nem imagina que nós já sabíamos de tudo..."

DÉCIMA QUARTA NOITE

"Eu estava deslizando sobre a charneca de Lüneburg", disse a Lua, "num trecho onde, à margem da estrada se via uma cabana comprida. Uns poucos arbustos cresciam perto dela, e um rouxinol que tinha perdido seu caminho gorjeava docemente por ali. A frialdade da noite acabou por matá-lo, e aquilo que escutei foi seu canto de despedida.

Um distante clarão vermelho deu a entender que o Sol estava prestes a nascer. Vi uma caravana de migrantes a pé seguindo rumo a Hamburgo, onde pretendiam embarcar no navio que iria levá-los à América. Era lá que esperavam alcançar a prosperidade. Uma das mães carregava seu caçulinha nas costas, enquanto que os filhos mais velhos caminhavam junto dela, tropeçando de vez em quando. Um pangaré, pele e ossos apenas, reunia suas últimas forças para puxar a carroça que trazia seus minguados bens. O vento frio assobiava, e por isso a garotinha se aninhava junto à mãe que, olhando para o alto e avistando meu disco minguante, pensou na amarga penúria que até então suportara, e falou das dívidas e taxas que o marido não tinha conseguido saldar. Todos da caravana pensavam em coisas idênticas, e por isso lhes pareceu que o Sol, através da aurora que já se prenunciava, seria um símbolo da fortuna que em breve haveria de refulgir sobre eles. Nesse instante, escutaram o rouxinol a cantar. Sem saber que aquilo seria um canto de despedida e de morte, imaginaram que a ave seria uma espécie de arauto que estaria confirmando a chegada daquela fortuna. O som dos gorjeios se misturou ao assobio do vento, trazendo para todos a esperança.

'Ide para longe, segui pelo mar afora! Para pagardes o preço da passagem dessa longa viagem, tivestes de vender tudo o que era vosso, e assim, pobres e desamparados havereis de entrar na terra de Canaã. Tivestes de vender até vossas próprias pessoas, vossas mulheres, vossos filhos! Mas vossas dores não durarão para sempre. Escondida atrás das largas e fragrantes folhas, eis que vos aguarda a deusa da Morte, e seu beijo de boas-vindas irá insuflar febre em vosso sangue. Ide para longe, para muito longe; segui por esse encapelado mar afora!' Mas não foi essa a mensagem compreendida pelos integrantes da caravana. O que escutaram, atentos e esperançosos, foi o canto alegre e esperançoso de um rouxinol, que parecia lhes augurar boa sorte.

O Sol surgiu através dos fiapos de nuvens. Os moradores da região seguiam através da charneca em direção à igreja. Trajando vestidos pretos e toucas brancas, as mulheres pareciam fantasmas saídos dos vitrais da igreja. A seu redor, tudo era plano e morto. A paisagem era constituída por urzes murchas e pardacentas, entremeadas de espaços negros e chamuscados, e rodeadas por alvas colinas de areia. Trazendo nas mãos seus hinários e missais, as mulheres iam entrando em pequenos grupos na igreja. Que entre suas preces não se esqueçam daqueles que estão seguindo pelo mar afora, e que um dia haverão de encontrar seus túmulos bem além das espumantes ondas."

DÉCIMA QUINTA NOITE

"Conheci um Polichinelo", falou a Lua, "que bastava aparecer no palco para que a platéia prorrompesse em aplausos delirantes. Havia uma enorme graça em todos os seus movimentos, e, a sua simples aparição, a platéia era tomada por uma verdadeira convulsão de risos. Todavia, não havia arte naquilo que ele fazia. Ele apenas agia e se portava de modo absolutamente natural. Quando criança, brincando com seus companheiros, já se revelava um palhaço. A Natureza já lhe destinara esse papel, desde que o tinha dotado de duas corcundas, uma na frente e outra atrás. Não obstante, sua personalidade e sua mente nada tinham de disformes – muito pelo contrário! Ninguém o superava quanto à profundidade dos sentimentos ou à rapidez de raciocínio.

O teatro era seu mundo ideal. Se ele fosse dono de uma figura esbelta e bem conformada, poderia ter sido o primeiro ator trágico em qualquer palco. Sua alma era assinalada pelo heróico e grandioso, mas apesar disso ele se havia tornado um Polichinelo. Seu semblante triste e melancólico até aumentava a comicidade de sua estampa grotesca, fazendo recrudescer o riso dos espectadores, que cada vez mais cumulavam de aplausos seu favorito. A encantadora Colombina sempre o tratou com doçura e cordialidade, mas, na hora de se casar, preferiu o Arlequim. De fato, teria sido ridículo um enlace matrimonial entre a Beleza e a Feiúra.

Quando seu amigo Polichinelo ficava triste, era ela a única pessoa que podia conseguir dele um sorriso, senão mesmo uma gargalhada. Para conseguir isso, ela assumia um ar igualmente tristonho, que ia aos poucos se modificando, até tornar-se alegre e feliz, momento em que ela dizia com ar maroto:

— Já sei o que está acontecendo com você! Está apaixonado, não é?

Era o bastante para que ele risse, e replicasse:

— Eu e Cupido faríamos uma dupla muito esquisita! O público iria ao delírio!

— Não tente disfarçar! Não resta dúvida de que você está amando — insistia ela, acrescentando com um *pathos* cômico: — E já sei quem é a sua paixão secreta: sou eu!

Ora, só se diz uma frase dessas quando ela é inteiramente despropositada. Assim, ao escutá-la, Polichinelo prorrompia em risadas, dava um pinote e logo sua melancolia estava esquecida.

Todavia, o que ela dissera era a pura verdade. Ele amava aquela mulher, idolatrava-a, assim como amava tudo o que era grandioso e sublime na Arte.

No dia em que ela se casou, era ele o convidado mais feliz; contudo, ao se recolher durante o silêncio da noite, prorrompeu num pranto desesperado. Se o público tivesse visto seus esgares e seu rosto contorcido, tê-lo-ia aplaudido entusiasmadamente.

Poucos dias atrás, a Colombina morreu. No dia do funeral, ninguém exigiu que o Arlequim se apresentasse no palco, pois todos se solidarizaram com a inconsolável dor daquele pobre viúvo. O diretor quis apresentar uma peça bem divertida, para não deixar que o público se lembrasse saudoso da Colombina faceira e do esperto Arlequim. Por isso, o Polichinelo tinha de ser mais turbulento e extravagante que nunca, e ele dançou e deu cambalhotas, apesar da angústia desesperada que tomava conta de seu coração, e que aumentava, a cada vez que a platéia aplaudia e gritava *"Bravo! Bravíssimo!"* Nessa noite, ele foi chamado de volta à cena diversas vezes, e sua atuação foi considerada perfeita, inimitável.

Na noite passada, eu vi aquele homem feio e disforme deixando a cidade e seguindo até o cemitério. A coroa de flores que ele tinha depositado dias antes sobre o túmulo da Colombina já estava murcha.

Sobre a laje fria, ele se sentou. Ah, que tema para um pintor: um polichinelo sentado sobre um sepulcro, queixo entre as mãos, olhos erguidos a me fitar — poderia haver cena mais bizarra? Se o público estivesse ali e visse daquele jeito o favorito das platéias, certamente haveria uma tempestade de aplausos e gritos de *'Bravo, Polichinelo! Bravo! Bravíssimo!"*

DÉCIMA SEXTA NOITE

Ouçam agora o que foi que a Lua me disse.

O Polichinelo sentado sobre um sepulcro — pode haver cena mais bizarra?

"Vi o cadete que acabava de ser promovido a oficial envergando pela primeira vez seu elegante uniforme. Vi a noiva trajando seu vestido de cauda, e, no dia seguinte, toda feliz, usando sua camisola de renda. Mas nunca vi felicidade igual a de uma menininha de quatro anos com a qual deparei esta noite. Ela acabara de ganhar um vestidinho azul e um chapeuzinho cor-de-rosa, e estava justamente experimentando esse esplêndido conjunto. A ocasião pedia algo mais que a simples luz de meus raios através da janela de seu quarto. Não, eles não eram claros o suficiente! Era necessária uma iluminação adicional mais condizente com a situação! Ali estava a donzelinha, tesa e empinada como uma boneca, braços abertos, dedos bem separados Oh, que felicidade se irradiava de seus olhos e se espalhava por todo o seu semblante!

— Amanhã você vai sair com sua roupa nova — disse a mãe.

Ouvindo isso, a criaturinha examinou detidamente o chapéu, depois a túnica e se abriu num sorriso radiante.

— Mamãe! — gritou. — Que será que os cachorrinhos vão comentar quando me virem vestida com esta roupa tão linda?

DÉCIMA SÉTIMA NOITE

"Já lhe falei sobre Pompéia" — disse a Lua, — "esse cadáver de aglomeração urbana, exposto à vista das cidades vivas. Pois deparei com uma visão ainda mais estranha, não de um cadáver, mas do espectro de uma cidade. Sempre que o esguicho da água de uma fonte molha o mármore de sua bacia, minha lembrança se dirige para a Cidade Flutuante. Sim, o repuxo parece falar dela, assim como as ondas do mar parecem estar cantando a sua fama. Às vezes, sobre a superfície do oceano, parece estar pousada uma névoa, que é como se fosse um sinal de luto, o seu véu de viúva. O noivo das ondas morreu. Seu palácio e sua cidade são o seu mausoléu...

Sabe a que cidade me refiro? Sabe que lugar é esse onde não se escuta o ruído das rodas ou o trote dos cavalos em suas ruas, ao longo das quais nadam peixes, enquanto uma gôndola negra desliza espectralmente sobre a água verde que as recobrem? Pois vou descrever-lhe esse lugar" — prosseguiu a Lua. "Vou guiá-lo até sua praça principal. Imagine-se transportado a uma cidade de conto de fadas. Ali a grama cresce entre as largas lajes, e, à luz da manhã, milhares de mansas pombinhas adejam ao redor da solitária e altaneira torre. Em três lados você se verá rodeado por alamedas. Num canto, está sentado o Turco, fumando seu longo cachimbo; num outro, o Grego elegante se apóia numa coluna e contempla os obeliscos e mastros de bandeira, monumentos comemorativos de um poderio que já se extinguiu. Dos mastros pendem bandeiras frouxas, como se fossem faixas de luto. Logo ali, ao lado, uma jovem parou para descansar. Ela depositou no chão suas pesadas ânforas cheias de água, tirou dos ombros a canga que lhe ajudara a transportá-las, e agora se apóia na coluna sobre a qual se vê a estátua da deusa Vitória.

Não é um palácio de fadas aquela construção que se vê ao longe, mas uma igreja. Seus redondos domos dourados rebrilham, refletindo meus raios. Os gloriosos cavalos de bronze que se podem ver à distância têm feito viagens como aquelas dos contos de fadas. Vieram para cá, e daqui se foram, indo e vindo vezes sem conta. Reparou no variegado esplendor dos muros e janelas? É como se um Gênio tivesse seguido o capricho de uma criança na decoração desses templos singulares. Está vendo aquele leão alado sobre a coluna? O ouro ainda refulge, mas suas asas não podem mais bater — como ocorreu com a Rainha dos Mares, também o leão pereceu. Aqui, os soberbos edifícios permanecem desertos, e onde outrora alegres pinturas decoravam os muros, agora só se vêem paredes nuas e sem graça. Um *lazzarone* dorme sob a arcada deste prédio, cujo pavimento, outrora, somente era pisado por pés de alto coturno. Dos profundos poços, e talvez das prisões próximas da Ponte dos Suspiros, ouvem-se apenas lamentos e queixumes, diferente do tempo em que aqui se escutava o som dos pandeiros a soar nas alegres gôndolas, quando o anel dourado era arremessado do *Bucentauro* para Ádria, a Rainha dos Mares.

Ádria! Ei-la encoberta agora pela névoa do passado! Deixa que o véu da tua viuvez esconda a tua silhueta, e que a erva daninha do desgosto recubra o mausoléu erigido por quem todo ano te desposava: o Doge da marmórea e espectral Veneza!"

DÉCIMA NONA NOITE

"Acabo de passar por Roma", disse a Lua. "Bem no centro da cidade, no topo de uma de suas sete colinas, jazem as ruínas do Palácio Imperial. Uma enorme figueira-brava cresce nas fendas do muro e lhe cobre a nudez com suas grandes folhas cinza-esverdeadas. Caminhando por entre as pilhas de destroços, um asno vai pisando as folhas verdes dos loureiros, até encontrar o que procurava: uma moita de suculentos e viçosos cardos.

Foi daqui que partiram pelo mundo afora as águias romanas, aquelas que um dia escutaram alguém dizer: "Vim, vi e venci". Elas saíram desta porta, que hoje é a entrada de um tosco casebre, construído entre duas colunas. Os galhos de uma videira silvestre pendem como coroa funerária sobre a janela simples.

Vivem ali uma velha senhora e sua neta. São elas que agora governam o palácio dos Césares e mostram aos visitantes o que restou das glórias do passado. Da esplêndida sala do trono apenas se conservou uma parede nua. Um cipreste negro projeta sua sombra escura sobre o lugar onde uma vez esteve o trono. Uma espessa camada de pó se acumula sobre o pavimento arruinado, e a pequena donzela, que se tornou a princesa daquele palácio imperial, costuma sentar-se sobre o patamar do trono na hora vespertina em que soam os sinos. Logo em frente, o que outrora foi uma porta e hoje lhe serve de janela lhe proporciona uma bela vista de Roma, limitada ao longe pela portentosa cúpula da Basílica de São Pedro.

De noite, como sempre, reinava ali o silêncio. Fiz meu foco de luz incidir sobre a menina. Lá vinha ela, descalça, carregando sobre a cabeça um cântaro de barro de antigo formato, cheio de água. Sua túnica branca de mangas curtas estava rasgada. Meu luar iluminou e beijou seus belos ombros redondos, seus olhos escuros, sua cabeleira negra e lustrosa. Ela subiu a íngreme escada arruinada, pisando com cuidado em seus fragmentados degraus de mármore, especialmente no de cima, já que, nesse, a passagem era dificultada pela presença de uma coluna caída. Saindo das fendas, lagartos coloridos deslizaram diante de seus pés, mas não lhe causaram susto. Quando ergueu a mão para destrancar a porta (era com um pé de coelho preso a uma corda que se puxava a tranca da porta do Palácio Imperial), ela se deteve, com ar pensativo. Que lhe estaria passando pela cabeça naquele instante? Estaria pensando no belo Menino Jesus vestido de ouro e prata que estava lá embaixo na capela, rodeado por brilhantes castiçais de prata? Por certo, a seu redor, seus amiguinhos deveriam estar naquele momento entoando cânticos religiosos. Ela conhecia todas as músicas, e bem que gostaria de juntar-se ao coral.

Seria isso que a fez deter-se pensativa junto à porta? Não sei. Só sei que, logo em seguida, ela resolveu prosseguir, mas, desastradamente, tropeçou e deixou a vasilha cair e se espatifar sobre os degraus de mármore. A pobre criança desatou a chorar. As lágrimas da bela princesinha descalça rolaram sobre os cacos do cântaro, e ela ali ficou em prantos, sem saber se iria ou não puxar a corda e anunciar que estava querendo entrar em seu palácio imperial!"

VIGÉSIMA NOITE

Transcorreram mais de quinze dias desde que a Lua tinha aparecido pela última vez. Eis que hoje ela voltou a se ostentar por entre as nuvens, redonda e brilhante, movendo-se lentamente pelo céu. Escutem o que foi que ela me disse:

"Em Fezzan, decidi acompanhar uma caravana que acabava de sair da cidade. Na borda do deserto arenoso, numa planície revestida de sal, que rebrilhava como um lago congelado, coberta apenas aqui e ali por uma tênue camada de areia, os homens fizeram uma rápida parada. O decano da turma — de seu cinto pendia o cantil, e ele trazia sobre a cabeça uma trouxinha contendo pão ázimo — desenhou com seu cajado um quadrado na areia, escrevendo dentro dele algumas palavras retiradas do Corão, e desse modo consagrou a Alá aquele local. Terminada a cerimônia singela, a caravana prosseguiu seu caminho.

Um jovem mercador, guapo filho do Oriente, conforme deduzi por seus olhos e semblante, seguia em frente pensativo, montado em seu corcel branco que resfolegava enquanto trotava. Acaso estaria pensando em sua bela e jovem esposa? Fazia apenas dois dias que um camelo ataviado com preciosas peles e mantas, tinha levado sua formosa noiva ao redor das muralhas da cidade, enquanto tambores e címbalos soavam, mulheres cantavam e tiros de festim espocavam. Os disparos eram devidos, em sua maior parte, ao próprio noivo, que desse modo manifestava seu regozijo. Indiferentes a todo esse ruído, os camelos ruminavam serenamente. E agora ele ali se encontrava, viajando em caravana através do deserto.

Durante noites seguidas acompanhei aquele grupo de pessoas. Vi quando descansavam nos oásis, à sombra das mirradas palmeiras. Quando um camelo caía prostrado pelo cansaço, eles lhe cravavam uma faca no peito e assavam sua carne no fogo. Meus raios refrescavam as areias ardentes e iluminavam os negros montes rochosos, ilhas desertas naquele vasto oceano de areia. Nenhuma tribo hostil estorvou sua passagem naquela ínvia rota, não sobrevieram tempestades, e não houve colunas de areia redemoinhando por sobre os viajantes, a provocar morte e destruição. Em casa, a bela esposa pedia a Alá por seu marido e por seu pai.

— Estarão mortos? — perguntou ela uma noite, quando apenas a minha metade despontou dourada no céu.

Agora o deserto jaz atrás deles. Numa parada, sentaram-se sob as palmeiras, olhando o grou a esvoaçar ao redor com suas asas compridas, enquanto o pelicano os vigiava, pousado nos galhos de uma mimosa. Em muitos pontos, a luxuriante pastagem tinha sido esmagada pelas patas dos elefantes. Um grupo de negros estava regressando de um mercado existente no interior do território. As mulheres, com botões de cobre presos nos cabelos negros, e trajando vistosas e longas vestes tingidas de anil, dirigiam os pesados carros de boi e carregavam nas costas seus filhos negros, nus e adormecidos. Um dos negros trazia, preso por uma corda, o filhote de leão que acabara de comprar.

O grupo se aproximou da caravana. O jovem mercador sentou-se pensativo e imóvel, com o pensamento voltado para a bela jovem a quem desposara recentemente. Ali, na terra dos negros, sonhava com o lírio branco que o esperava lá longe, além do deserto. Súbito, ele ergueu a cabeça e... nesse instante, passou uma nuvem diante de mim, depois outra, e nada mais pude ver ou ouvir durante todo o resto daquela noite."

VIGÉSIMA PRIMEIRA NOITE

Vi uma menininha chorando. O motivo de seu pranto era a maldade dos homens. Ela tinha ganho uma belíssima boneca de presente. Oh, era uma boneca maravilhosa, tão bonita, tão delicada! Não parecia ter sido criada para enfrentar o mal que assola o mundo. Não obstante, seus irmãozinhos — que meninos mais levados! — tinham arremessado a boneca para o alto, deixando-a presa nos galhos de uma árvore, e fugindo em seguida.

A pobre garotinha não conseguia alcançar a boneca para trazê-la para baixo, e era por isso que estava chorando. A boneca por certo deveria estar chorando também, pois estendia os braços entre os verdes ramos e tinha um olhar muito tristonho. Sim, aquele devia ser um dos tais problemas da existência, dos quais ela até já tinha ouvido falar. Oh, pobre boneca!

Começou a escurecer, e era de se supor que a noite seria escura e fria. Será que ela teria de ficar ali, presa entre os galhos da árvore, durante toda aquela noite? Não! Uma coisa dessas a menininha não poderia sequer imaginar!

— Espere aí que vou lhe fazer companhia. — disse com um sorriso, embora não sentisse um pingo de felicidade dentro do peito.

Em sua imaginação, passou a enxergar, e quase distintamente, pequenos gnomos, com seus chapéus compridos, sentados nos arbustos, e ao longe, no fim do caminho, enormes espectros que pareciam estar dançando e vindo em sua direção. Eles foram chegando cada vez mais perto, com as mãos estendidas na direção da árvore na qual estava a boneca. Com risos sarcásticos, apontavam para ela seus dedos descarnados. Foi isso o que ela viu — ah, como estava apavorada!

'Será que fiz alguma coisa errada, e que agora estou recebendo meu castigo?' — pensou consigo mesma. E aí se lembrou de um malfeito: ela tinha rido ao ver um patinho com um pano vermelho preso à perna, e do qual não conseguia se desvencilhar, por mais que o tentasse. O pobrezinho, por isso, caminhava como se estivesse mancando. Ah, que cena engraçada aquela! Só que, pensando bem, não se deve rir dos pobres animaizinhos. É pecado! Com esse pensamento desalentador, ela olhou para cima e perguntou para a boneca:

— Está lembrada daquele patinho com um pano preso na perna? Você também riu dele?

A boneca não respondeu, mas ela não teve dúvida alguma de tê-la visto baixar os olhos, envergonhada, e sacudido a cabeça afirmativamente.

VIGÉSIMA SEGUNDA NOITE

"Passei por cima do Tirol", disse a Lua, "e meus raios fizeram com que os pinheiros escuros lançassem compridas sombras sobre as rochas. Olhei para as paredes das casas, nas quais se viam pinturas representando São Cristóvão carregando o Menino Jesus nos ombros. Eram murais enormes, que iam do chão ao teto das casas. Em outras estava representado São Floriano tentando apagar o incêndio que consumia uma casa, enquanto, à margem da estrada, havia uma imagem de Cristo ensangüentado e pendente da Cruz.

Para a geração presente, trata-se apenas de antigas pinturas. Mas lembro-me bem de quando foram feitas. Acompanhei a execução de uma por uma.

Ao longe, encarapitado no topo de uma montanha qual um ninho de andorinha, avista-se um convento de freiras. Duas irmãs estavam no alto da torre, empenhadas em tanger os sinos. Eram ambas jovens, e seu olhar se estendia para além das montanhas, abarcando o mundo. Lá embaixo, naquele momento, estava passando uma diligência. O cocheiro tocou sua corneta. Por um breve instante as pobres freirinhas fitaram o veículo com um olhar tristonho, e uma lágrima aflorou nos olhos da mais nova. E enquanto o som da corneta desaparecia ao longe, cessou o dobre dos sinos do convento, mas o eco das badaladas permaneceu por algum tempo no ar.

VIGÉSIMA TERCEIRA NOITE

Escutem o que foi que a Lua me contou:
"Alguns anos atrás, aqui em Copenhague, espiei através da janela de um quartinho pobre. O pai e a mãe dormiam, mas o filhinho não. Seu leito estava coberto por um cortinado de algodão estampado com flores. Vi quando o menino o arredou para o lado e fixou os olhos em alguma coisa fora do berço. Primeiro, pensei que ele estivesse olhando para um relógio grande e vistoso, colorido alegremente de verde e vermelho, que ficava junto à parede. Em sua parte de cima havia um cuco, e na de baixo se viam os pesos de chumbo e o comprido pêndulo com seu disco de metal polido oscilando de um lado para o outro e fazendo tique-taque. Mas não! Não era para o relógio que ele estava olhando, e sim para a roca de sua mãe, que ficava ao lado do berço. Aquela era sua peça de mobiliário favorita, mas ele não se atrevia a tocá-la, com receio de levar umas boas palmadas. Durante horas seguidas, quando sua mãe estava fiando, ele ficava sentadinho perto dela, ouvindo o ruído da roda e acompanhando seu movimento giratório, enquanto seu pensamento voava para longe.

Ah, que vontade sentiu naquele momento de mover ele mesmo aquela roda! Olhou para o pai e a mãe e viu que estavam dormindo. Voltou a fitar a roca, até que se decidiu: estendeu um pezinho descalço até a beirada do berço, depois o outro pé, em seguida duas perninhas brancas, até que, por fim, seu corpo inteiro desceu da cama. Olhou uma vez mais para se certificar de que Papai e Mamãe estavam mesmo dormindo; depois, suspendeu a barra da camisolinha e se arrastou silenciosamente até a roca. No momento seguinte, a roda estava a girar. O fio corria, enquanto a roda girava cada vez mais depressa. A sorrir, beijei seus cabelos louros e seus olhos azuis, enquanto contemplava aquele quadro tão belo e inocente.

Nesse instante a mãe acordou. Afastando a coberta, olhou para a frente e imaginou estar vendo um gnomo ou algum outro ente fantástico similar.

— 'Oh, céus!' — exclamou, tomada de susto, enquanto sacudia o marido.

Ele abriu os olhos, esfregou-os com as mãos e avistou o esperto garoto.

— Ora, é o Bertel! — disse.

Nesse instante deixei de olhar para dentro daquele quarto modesto, pois tinha muitas outras coisas para ver.

Pouco depois avistei as paredes do Vaticano agora ostentando estátuas de mármore de antigos deuses. Iluminei o famoso Grupo de Laocoonte. A pedra parecia suspirar. Dei um beijo silencioso nos lábios das Musas, que pareceram acordar e mexer-se. Mas logo em seguida meus raios saíram dali e foram pousar no Grupo do Nilo, no meio do qual se destacava seu deus colossal. Encostado na Esfinge, ele ali jazia ensimesmado e meditabundo, como se estivesse pensando na passagem dos séculos, enquanto pequenos cupidos brincam embaixo com os crocodilos. Na cornucópia da abundância, sentado de braços abertos, o pequenino Cupido a contemplar o grande e solene Deus-Rio me pareceu uma réplica daquele outro menino que um dia avistei girando a roda do tear. Sim, as feições eram exatamente as mesmas! Encantadora e realista era a pequena figura de mármore — e dizer que a roda do tempo tinha girado mais de mil vezes desde que ela fora libertada da pedra bruta! Assim como o garotinho girava a roda do engenho no quartinho, a grande roda tinha dado muitas e muitas voltas até poder de novo tirar do mármore deuses iguais aos que tempos atrás tinham sido esculpidos.

Anos se passaram desde que isso aconteceu" — prosseguiu a Lua. — "Ontem olhei para uma baía na costa oriental da Dinamarca. Existem ali majestosas florestas, ostentando enormes árvores. Elas me fizeram lembrar antigos torreões de castelos cercados por muralhas avermelhadas. Cisnes flutuavam placidamente nos lagos, e, ao fundo, divisava-se, além do arvoredo, um vilarejo com sua igreja. Todos os moradores tinham saído ao mar, em numerosos botes, desfilando solenemente sobre a silente vastidão. Todos empunhavam tochas, mas não com o propósito de clarear as águas para pescar, e sim com a finalidade de celebrar alguém. Ouvi música. Alguém entoava uma canção, e, à proa de um dos botes, vinha um homem, em postura ereta. Era para ele toda aquela homenagem. Sim, tudo isso era para aquele homem altivo e imóvel, que envergava uma capa. Seus olhos eram azuis; seus cabelos eram brancos e compridos. Seu rosto me era familiar, pois já o tinha visto em algum lugar. Lembrei-me então do Vaticano, do Grupo do Nilo e dos velhos deuses de mármore. Lembrei-me também do pequeno cômodo onde o garoto Bertel, vestindo sua camisola de dormir, girava a roda do tear. Como ela, a roda do tempo tinha girado, e novos deuses tinham sido retirados da pedra. Foi então que, dos botes, se ergueu um brado:

Hip hurra! Viva Bertel Thorvaldsen!*

VIGÉSIMA QUARTA NOITE

"Vou agora descrever-lhe Frankfurt", disse a Lua. "Ali minha atenção se voltou especialmente para uma determinada construção. Não era a casa onde nasceu Goethe, nem a velha Casa da Câmara, através de cujas janelas gradeadas assomavam os chifres dos bois que ali foram assados e distribuídos ao povo na solenidade de coroação dos imperadores. Não, era uma casa particular, de aspecto modesto, pintada de verde, perto da larga via antigamente conhecida como "Rua dos Judeus". Aquela casa pertencia a Rothschild, o banqueiro.

Olhei através da porta aberta. A escada estava brilhantemente iluminada. Portando velas de cera em maciços candelabros de prata, diversos ali se achavam postados. À passagem de uma liteira que trazia em seu interior uma velha senhora, todos se curvaram respeitosamente. O dono da casa também se achava ali, de chapéu na mão, e carinhosamente depositou um beijo nas mãos da velha dama, que era a sua mãe. Com um sorriso, ela fazia um aceno de cabeça para cada criado, e um mais efusivo para o filho. Os que carregavam a liteira prosseguiram pela rua afora, entrando em seguida por uma

*O mais célebre escultor dinamarquês, falecido em 1844 aos 76 anos.

ruela estreita e escura, até alcançarem uma pequena casa, que era onde a velha senhora residia. Fora aqui que tinham nascido seus filhos, e onde se acumulara aos poucos a fortuna da família. Se ela algum dia resolvesse mudar-se daquela ruela modesta e deixar a velha casinha, toda a fortuna acumulada por seus filhos iria por água abaixo. Era essa a sua firme crença". Foi tudo o que a Lua hoje me contou, durante a curta visita que me fez.

Fiquei pensando na velha senhora que morava na ruela modesta. Bastaria uma palavra sua para que uma esplêndida mansão lhe fosse construída nas margens do Tâmisa, ou que lhe destinassem uma *villa* na Baía de Nápoles. Mas ela se recusava, alegando que, se deixasse a humilde casinha onde teve início a fortuna de seus filhos, esta logo iria também abandoná-los

Sim, tal idéia não passava de uma superstição, mas nela a Sra. Rothschild acreditava piamente. Se aquela cena de sua saída se transformasse num quadro, qualquer um que o visse, caso conhecesse a história, não precisaria senão de duas palavras para conferir-lhe um título adequado e perfeito: *"A mãe"*.

VIGÉSIMA QUINTA NOITE

"Foi ontem, ao amanhecer" — foram essas as palavras que a Lua me disse. "Na grande cidade, as chaminés ainda não estavam fumegando, e foram justamente as chaminés que me chamaram a atenção. Súbito, uma cabeça emergiu de uma delas, e depois meio corpo, tendo os braços apoiados na borda da coifa da chaminé.

— Ia-hê! Ia-hô! — gritou uma voz.

Era um limpador de chaminés, exercendo seu ofício pela primeira vez em sua vida. Com algum receio, ele subira através do tubo da chaminé, alcançara o topo e agora punha a cabeça para fora. *"Ia-hê! Ia-hô!"* Sim, era indubitavelmente algo bem insólito escalar um tubo estreito de uma chaminé, arrastando-se por entre os seus tijolos enegrecidos.

Sentiu no rosto uma lufada de ar fresco e se pôs a contemplar abaixo toda a cidade, conseguindo enxergar até a floresta que a rodeava. O sol acabava de nascer. Brilhou redondo e grande, dardejando seus raios bem em cima de seu rosto, que reluzia de encanto e satisfação, apesar da fuligem que o recobria.

— Toda a cidade pode me ver agora! — exclamou. — E a Lua e o Sol também me podem ver ao mesmo tempo!

E ali, na boca da chaminé, bradando outra vez *"Ia-hê! Ia-hô!"*, ele brandiu sua vassoura num gesto triunfal.

VIGÉSIMA SEXTA NOITE

"Na noite passada, detive-me a espiar uma cidade na China", disse a Lua. "Meus raios incidiram sobre as paredes nuas que ali ladeiam as ruas. Aqui e ali se divisa uma porta, mas sempre trancada. Por que será que o chinês se preocupa tanto com o que está lá fora? Persianas feitas de tabuinhas muito juntas cobriam as janelas das casas, mas não as do templo. Através de uma delas escoava-se uma tênue luzinha, que me permitiu enxergar seu interior e apreciar a curiosa decoração do ambiente. Viam-se ali gravuras que enchiam de cima abaixo as paredes. Eram todas muito coloridas e protegidas por molduras douradas, representando os feitos dos deuses no tempo em que viveram aqui na Terra.

Havia estátuas em cada nicho, mas quase inteiramente escondidas pelos cortinados e bandeiras multicores que pendiam do teto. Os ídolos eram moldados em latão, e diante de cada um havia uma pequena pia de água benta, decorada com flores e cercada por velas acesas.

O altar principal era dedicado a Fô, o deus supremo. Sua imagem estava vestida com ricos trajes de seda amarela (pois o amarelo é aqui considerado a cor das coisas sagradas).

Aos pés do altar de Fô estava sentado um jovem monge, imerso em suas preces. No meio de uma delas, porém, sua mente se dispersou e ele se pôs a pensar em assuntos terrenos. Logo caiu em si e ficou ruborizado, baixando a cabeça arrependido de sua fraqueza.

Pobre Soui-Hong! Ter-se-ia visto em seu sonho a trabalhar no jardinzinho escondido atrás do alto muro da rua? E que tal ocupação lhe tinha então parecido mais agradável do que a tarefa de ficar vigiando as velas acesas do templo? Ou quem sabe teria acalentado o desejo de participar de um lauto banquete, comendo à vontade e limpando a boca com papel prateado entre um e outro prato?

Mas podiam ter sido outros os seus pensamentos, e tão pecaminosos que, caso se atrevesse a confessá-los, poderia até ser condenado à morte pelo Imperador Celestial! Quem sabe se seus pensamentos se teriam aventurado a viajar com os navios dos bárbaros até a distante Inglaterra?

Não, não era para um lugar tão distante que seus pensamentos o tinham levado. Eles não passavam de pensamentos normais de um coração juvenil, e seu pecado residia apenas no fato de terem ocorrido num local de recolhimento e meditação, na reclusão do templo, em presença de Fô e de tantos outros deuses.

Eu sabia muito bem aonde seus pensamentos tinham ido parar: no outro lado da cidade, num terraço calçado com ladrilhos de porcelana e adornado com lindos vasos de flor, onde, naquele instante, estava sentada a graciosa Pu, com seus olhinhos travessos, lábios carnudos e pés miudinhos, que os tamancos apertados deixavam sempre doloridos. Mais do que os pés, porém, doía seu coração. Ela estendeu seu braço delicado, fazendo farfalhar a túnica de cetim. Vendo à frente a bacia de vidro dentro da qual nadavam quatro peixes dourados, pôs-se a agitar a água lentamente com um pequeno bastão de madeira laqueada, pois também ela estava perdida em seus pensamentos.

Acaso estaria pensando na boa vida daqueles peixinhos ricamente vestidos de ouro, tranqüilos e bem alimentados em seu pequeno mundo de cristal, mas que talvez se sentissem mais felizes se estivessem vivendo em liberdade? Tal sentimento a bela Pu podia muito bem compreender.

Por conhecê-la bem, eu sabia que, naquele instante, seus pensamentos estavam longe de casa, pois tinham seguido até o outro lado da cidade, até o templo. Porém, embora puros, esses pensamentos não estavam de modo algum voltados para assuntos sagrados...

Pobre Pu! Pobre Soui-Hong! Seus pensamentos terrenos se cruzaram, mas entre ele e ela dardejavam meus raios frios, separando um do outro como se fossem a espada do Querubim."

VIGÉSIMA SÉTIMA NOITE

"O ar estava calmo", disse a Lua, "e a água transparente como o puríssimo éter através do qual eu vinha deslizando. Lá no fundo pude ver as estranhas plantas que estendiam seus longos braços em minha direção, quais gigantescas árvores da floresta. Acima de suas copas passavam peixes, nadando para lá e para cá.

No ar, bem, alto, voava um bando de cisnes selvagens. Um deles, demonstrando esgotamento, foi perdendo altura gradativamente, seguindo com os olhos o bando alado que se foi perdendo à distância. Com as asas bem abertas, descia vagarosamente, com a velocidade de uma bolha de sabão que flutuasse no ar parado, até que tocou a água. Ali afundou a cabeça entre as asas e silenciosamente deixou-se ficar à tona, como uma flor de lótus sobre um lago de águas paradas. Soprou uma brisa suave e fez ondular a superfície até então lisa, que refulgiu como as nuvens que ao longe despejavam chuva, formando ondas altas e volumosas. O cisne ergueu a cabeça e a água brilhante se espalhou como um fogo azulado sobre seu peito e suas costas.

Foi amanhecendo, e os raios de sol iluminaram as rubras nuvens. Já tendo recobrado as forças, o cisne se ergueu e voou no rumo do sol nascente, seguindo para a costa azulada em, busca do seu bando. Mas ele agora voava sozinho, com o coração saudoso, e sozinho prosseguiu, sobrevoando os vagalhões azuis e intumescidos."

VIGÉSIMA OITAVA NOITE

"Vou lhe descrever uma outra paisagem da Suécia", disse a Lua. "Entre os pinheirais escuros que se divisam próximo às melancólicas margens do Stoxen, fica o antigo mosteiro de Wreta. Meus raios deslizaram através do gradil e entraram nas câmaras mortuárias, onde dormiam os reis em seu sono tranqüilo, no interior de grandes esquifes de pedra. Nas paredes, acima dos túmulos de cada um deles, está pendurado o emblema de sua dignidade terrena, uma réplica em madeira da majestosa coroa real que os cobriu em vida, folheada a ouro, pendente de um cabide. Vermes devoraram a madeira pintada, e aranhas estenderam suas teias da coroa até a areia, como um estandarte de luto, frágil e passageiro como as dores dos mortais.

Como aqueles soberanos repousavam tranqüilamente! Lembro-me muito bem de cada um deles, enquanto vivia. Posso ver até seus lábios a sorrir ou a se crispar, conferindo a seus semblantes nítidas e marcantes expressões de alegria ou de dor.

Quando o barco a vapor, após deslizar como um caracol encantado por sobre as águas do plácido lago, ali faz uma parada, costuma acontecer que um forasteiro desembarque e resolva entrar na capela e visitar aquele local. Ali chegando, pergunta os nomes dos reis, mas, como resposta, não escuta senão que eles ali se encontram mortos e esquecidos. Com um sorriso, ele contempla as coroas roídas pelas traças e, caso se trate de pessoa boa e piedosa, noto em seu sorriso um quê de melancolia.

Dormi em paz, veneráveis mortos! A Lua se lembra de vós e, toda noite, vos manda seus raios em vosso silente domínio, sobre o qual se ergue a coroa de um majestoso pinheiral."

VIGÉSIMA NONA NOITE

"Existe uma estalagem à margem da rodovia", disse a Lua, "diante da qual há um comprido estábulo, cujo teto de palha está sendo reparado. Espiei por entre as vigas nuas, através do sótão aberto, e detive meu olhar no espaço desarranjado logo abaixo. Um peru dormia empoleirado num barrote, e uma sela descansava no cubículo vazio. No meio do galpão havia uma diligência. Dentro dela dormia o cocheiro a sono solto, enquanto os cavalos estavam se dessedentando do lado de fora. O cocheiro parecia que não iria acordar tão cedo, embora eu esteja certa de que ele tinha dormido durante a metade do último estágio da viagem.

A porta do quarto dos empregados estava aberta, e a cama parecia ter sido virada e revirada muita vezes. No chão, a vela, espetada num bocal, tinha queimado até o toco. Uma lufada de vento frio atravessou o galpão. A madrugada estava quase no fim. No estrado de madeira sobre o chão dormia uma família de músicos itinerantes. O pai e a mãe pareciam estar sonhando com o resto de aguardente que fora deixado na garrafa. A pequena e pálida filha também dormia, mas seus olhos estavam úmidos de lágrimas. Na parede, sobre suas cabeças, eles tinham pendurado sua harpa, e no chão, ao lado do estrado, dormia o cão estendido a seus pés."

TRIGÉSIMA NOITE

"Foi numa cidadezinha provinciana", disse a Lua, "que aconteceu esse fato, creio que no ano passado, mas isso pouco importa. O que importa mesmo foi que eu pude assistir a tudo, e nitidamente. Só hoje é que foi publicada a notícia nos jornais, mas sem que o caso fosse relatado com todas as minúcias. Vou relatá-lo agora fielmente para você.

No bar de uma certa estalagem estava jantando um adestrador de ursos. Já o animal estava preso do lado de fora, atrás de uma pilha de achas de lenha. Era um urso com cara de poucos amigos, chamado Bruin. Apesar da cara de mau, Bruin nunca tinha feito mal a quem quer que fosse.

Em cima, no sótão, três crianças brincavam à luz do luar que eu lhes enviava. O menino mais velho devia ter seus seis anos, e a menina mais nova não mais que dois. Num dado momento, eles escutaram um som surdo — *tum, tum, tum!* — de passos. Alguém estava subindo a escada que levava ao sótão. Quem poderia ser? Diante da porta, que estava escancarada, assomou a figura gigantesca e peluda de Bruin! Cansado de ficar no pátio sem fazer coisa alguma, ele tinha encontrado um meio de se libertar, e seguira até o sótão.

A tudo isso eu estava assistindo", continuou a Lua. "No primeiro momento, as crianças ficaram apavoradas, e cada qual correu para um canto do cômodo. O urso foi até junto de cada uma, farejando-as com ar curioso, e sem lhes fazer mal algum. Foi então que um dos meninos comentou:

— Que cachorro grande!

Não demorou e as três crianças já estavam afagando o animal, que se deitou no assoalho. A caçulinha se encarapitou em seu dorso e, inclinando a cabecinha de cabelos cacheados cor de ouro, enfiou-se por entre aquela pelagem fofa, como se brincasse de esconde-esconde. Aí, o mais velho começou a bater ritmadamente em seu tambor. Ouvindo isso, o urso se ergueu sobre duas patas e se pôs a dançar. Ah, que cena encantadora! Cada criança então empunhou uma espingardinha de brinquedo, entregando uma ao urso, que logo os imitou, empunhando-a junto ao ombro.

Esse, sim, é que era um bom companheiro! Depois disso, os quatro começaram a marchar, enquanto o mais velho comandava: *"um-dois, um-dois"*!

Nesse instante, a mãe foi verificar o que estariam aprontando as três crianças, e deparou com aquela cena bizarra. Você precisava ver o mudo terror estampado em seu rosto! A mulher ficou branca como giz, a boca meio aberta e os olhos fixos à frente com horror. Aí a caçulinha acenou para ela com o olhar rutilante de júbilo, balbuciando em sua língua infantil:

— *Tamo bincando* de soldado, Mamãe!

Só então o domador deu pela ausência do urso e subiu até o sótão."

TRIGÉSIMA PRIMEIRA NOITE

O vento soprava frio e tempestuoso. As nuvens deslizavam celeremente. Só de vez em quando a Lua se mostrava no firmamento. Numa de suas rápidas aparições, ela me disse o seguinte:

Estamos brincando de soldado, Mamãe!

"Do céu silente, olhei para baixo, através das nuvens, e vi no chão suas sombras a se perseguirem. Meu olhar se deteve sobre um presídio, no momento em que um carro fechado parava diante dele. Dentro em pouco, um prisioneiro iria ser levado para fora.

Meus raios penetraram na janela gradeada. Vi o prisioneiro rabiscando alguma coisa na parede, à guisa de despedida, mas não escrevia palavras, e sim uma melodia que naquele momento estava brotando de seu coração.

A porta foi aberta, ele foi levado para fora e, enquanto saía, fixou os olhos sobre meu disco redondo. Nuvens se intrometeram entre nós, impedindo que continuássemos a nos entreolhar. Ele entrou no carro. A porta foi trancada, o chicote estalou no ar e os cavalos partiram a galope através da densa floresta.

Não consegui segui-los com meus raios, e de novo relanceei o olhar sobre a parede da prisão. Contemplei as notas musicais ali gravadas: seu último adeus. Onde não há palavras, a música pode muitas vezes falar. Meus raios puderam apenas iluminar notas isoladas, de maneira que continuei ignorando a maior parte do que ali fora registrado. Que tipo de música seria aquela? Uma marcha fúnebre, ou uma cantiga alegre? Estaria ele saindo para a morte, ou já poderia retornar ao convívio e aos abraços de seus entes queridos?

É.. meus raios não podem ler tudo o que os mortais escrevem ou gravam nas paredes..."

TRIGÉSIMA SEGUNDA NOITE

"Há um tipo de gente de quem gosto um bocado", disse a Lua. "São as crianças, especialmente as pequeninas. Como são espontâneas! Gosto de espiá-las em seus quartos, preparando-se para dormir, quando não estão notando a minha presença. Como aprecio vê-las enquanto trocam de roupa! Primeiro, sai da camisa um ombrinho redondo, depois o bracinho. Em seguida, começam a tirar as meias, deixando à mostra uma perninha branca e roliça, depois um pezinho alvo e rechonchudo que todos têm vontade de beijar, inclusive eu, que sempre deposito neles um beijinho carinhoso.

Mas vamos ao que eu estava querendo lhe contar. Esta noite espiei através de uma janela diante da qual não tinha sido puxada a cortina, porque ninguém morava em frente. Vi um bando de crianças, todas da mesma família, e quase todos meninos — só havia uma menina entre eles. Ela tinha apenas quatro anos, mas sabia rezar tão bem quanto os demais. Toda noite, a mãe se senta à beira de sua cama e fica escutando enquanto ela reza suas orações. Depois que ela termina, a mãe lhe dá um beijo e se dirige ao berço do menorzinho, que geralmente já está de olhinhos fechados, dormindo a sono solto.

Nesta noite, os dois mais velhos estavam um tanto turbulentos. Um deles suspendeu a barra da camisola e se pôs a pular num só pé, enquanto que o outro subiu numa cadeira, enrolou-se num lençol e disse estar brincando de estátua grega. Quando se cansou da brincadeira e deixou o lençol sobre a cadeira, o terceiro e o quarto irmãozinhos trataram de dobrar cuidadosamente a peça e colocá-la na gaveta grande, para não deixar a mãe aborrecida. E ela logo apareceu por ali, vindo sentar-se à beira da cama da filhinha e ordenando que todos fizessem silêncio e acompanhassem a menina em suas preces.

Sorrindo, contemplei o rostinho sério e compenetrado da garotinha ajoelhada sobre a colcha branca, de mãos postas e ar piedoso, que em voz alta se pôs a rezar o pai-nosso, acompanhada pelos irmãos. Quando terminou a prece, a mãe lhe perguntou:

— Ó minha filha, tenho notado que, ao rezar o pai-nosso, você costuma acrescentar algumas palavras depois de pedir a Deus que nos dê o pão nosso de cada dia. Já tentei entender o que é que você diz, mas não consegui. Que palavras são essas? Conte para mim.

A menina baixou os olhos e ficou em silêncio, mas a mãe insistiu:

— E então, minha filha, o que é que você acrescenta à oração e pede a Deus?

— Oh, mamãezinha, eu lembro ao Papai do Céu que não se esqueça de passar manteiga no pão nosso de cada dia...

O SORTUDO

Capítulo I

Na mais elegante rua da cidade havia uma bela casa antiga. O muro que a rodeava era decorado com cacos de vidro dispostos artisticamente, de maneira que, quando a luz do Sol ou a da Lua incidiam sobre eles, os cacos refulgiam como se fossem diamantes. Isso sugeria a riqueza que reinava no interior daquela mansão. Dizia-se que o dono da casa, um negociante, era tão rico que tinha em sua sala de visitas dois cofres recheados de ouro, e que, quando seu filho nasceu, teria separado um barril cheio de moedas de ouro, à guisa de poupança,.

Quando nasceu essa criança naquela casa opulenta, a alegria se espalhou da adega até o sótão, especialmente neste, uma vez que, duas horas mais tarde, ali também nascia outro bebê: o filho do gerente de um dos armazéns pertencentes ao negociante, que lhe alugava aquele lugar, onde ele residia juntamente com a mulher e a sogra. Desse modo, também o outro casal recebeu um belo presente de Nosso Senhor, trazido pela cegonha e entregue diretamente à feliz mamãe. E também no sótão havia um barril que a dona da casa ia enchendo dia após dia, mas não com moedas de ouro, e sim com cisco, papéis velhos e restos de comida — era o barril de lixo...

O negociante era um homem distinto e refinado. Sua delicada esposa estava sempre vestida com roupas de alta qualidade, e, além de ser uma mulher piedosa e educada, tratava os pobres com gentileza e generosidade. Por isso, todos compartilharam da alegria do casal, cujo filho certamente iria crescer e ser tão ditoso e rico como seu pai. Quando foi batizado, deram-lhe o nome latino de Félix, que significa "feliz", o qual bem condizia com a felicidade que seu nascimento havia acarretado para tanta gente.

Quanto ao morador do sótão, tratava-se de um sujeito bom até a medula dos ossos. Sua esposa era uma mulher industriosa e honesta, e o casal era apreciado por todos que o conheciam. O nascimento do bebê encheu-os de felicidade, e o nome que escolheram para ele foi Peer, que é o equivalente dinamarquês de "Pedro".

Tanto o recém-nascido do primeiro andar como o do sótão receberam de seus pais a mesma quantidade de beijos, e de Deus o mesmo calor e luz do sol, mas entre ambos havia uma enorme diferença, já que um era "o do andar de baixo", e outro, "o do andar de cima". Peer vivia no espaço acanhado do sótão, e quem cuidava dele era a própria Mãe. Já quem cuidava do pequeno Félix era uma babá, uma estranha, embora fosse uma mulher honesta e de bons costumes — ao menos, era isso que constava em seu registro profissional. O menino rico tinha um lindo carrinho de bebê, que era empurrado pelas ruas por sua babá trajada elegantemente, enquanto que o menino do sótão era transportado nos braços da Mãe, que aos domingos usava uma roupa elegante, mas que nos demais dias da semana trajava as roupas modestas do dia-a-dia. Nem por isso ele era menos feliz que seu vizinho "do andar de baixo".

Os dois logo começaram a dar notícia das coisas que os rodeavam. Estavam crescendo — o alcance de suas mãos revelava esse crescimento — e já sabiam dizer os nomes de pessoas e objetos em seu linguajar infantil. Eram bonitos, recebiam muitos afagos e carícias, e como apreciavam doces!

À medida que cresciam, começaram a se divertir com os cavalos e a carruagem do negociante. Félix tinha permissão de se sentar junto do cocheiro, acompanhado da babá, vendo os cavalos de perto. Ali sentado, imaginava que era ele quem estava dirigindo a carruagem. Já Peer podia sentar-se no parapeito da janela do sótão e ficar olhando o pátio lá embaixo, especialmente quando o senhor e a senhora saíam de casa. Depois que eles saíam, ele colocava duas cadeiras, uma em frente da outra, e as duas se transformavam num coche, sendo ele o cocheiro, um cocheiro de fato, e não apenas por imaginar que o fosse.

E assim foram-se desenvolvendo esplendidamente os dois meninos, que só vieram a conversar entre si quando já tinham dois anos. Félix estava sempre elegantemente vestido, com roupas de seda e veludo, e usando calças curtas, segundo o estilo inglês. "A pobre criança vai congelar", comentavam as duas moradoras do sótão. Já Peer usava calças compridas que iam até os tornozelos. Numa ocasião, suas calças se rasgaram à altura dos joelhos, e por isso ele passou a sentir o mesmo frio e ficar com as pernas tão desprotegidas quanto o delicado filho do negociante. Um dia, quando Félix e sua mãe estavam prestes a sair pelo portão, cruzaram com Peer e a outra mãe, que acabavam de chegar da rua.

— Aperte a mão do Peer, Félix — disse a senhora. — Vocês dois precisam conversar.

Os meninos se saudaram:

— Olá, Peer!

— Olá, Félix!

E foi tudo o que disseram aquele dia.

A rica senhora mimava seu filho, mas havia alguém que também dispensava a Peer a mesma quantidade de mimos, senão até mais: era sua Avó. Embora enxergasse mal, ela via nele coisas que nem seus pais ou quaisquer outras pessoas conseguiam ver.

— Como esse menino é bonzinho! — dizia ela. — Vai com certeza ser bem sucedido nessa sua vida. Como se costuma dizer, ele "nasceu com a maçã de ouro na mão". Posso até ver essa maçã, mesmo não enxergando bem. O ouro dela rebrilha!

Dizia isso e em seguida beijava as mãos do pequeno Peer.

Seus pais nunca viram a tal maçã, e muito menos ele, mas à medida que foi crescendo e adquirindo entendimento, passou a gostar de crer naquelas palavras.

— O que sua avó diz são histórias da carochinha — diziam os pais.

Com efeito, a Avó gostava de contar histórias, e Peer não se cansava de escutá-las, pouco lhe importando que fossem sempre as mesmas. Ela também lhe ensinou a recitar salmos e a rezar o pai-nosso, e ele aprendeu, não como um papagaio, mas compreendendo o sentido das palavras, pois ela fazia questão de explicar-lhe tintim por tintim o significado das preces. Ele prestava muita atenção a tudo o que a Avó lhe dizia e ensinava. "Dai-nos, Senhor, o pão nosso de cada dia" — e ele aprendeu que isso significava, para uns, pão de centeio; para outros, pão de trigo, e também aprendeu que certas famílias podiam viver felizes numa grande mansão, e serem servidas por muitos empregados, enquanto que outras viviam com menos conforto e em menor espaço, como o que eles dispunham no sótão, e nem por isso eram menos felizes.

— Portanto, o pão nosso de cada dia varia de pessoa para pessoa.

Peer, nesse tempo, saboreava diariamente uma boa fatia de pão, e cada dia parecia mais alegre e feliz que o anterior. Pena que essa felicidade não poderia durar para sempre, como de fato não durou. Irromperam os anos terríveis da guerra. Primeiro, foram convocados os rapazes e enviados para o campo de batalha, muito longe dali; depois, chegou a vez dos mais velhos, e entre eles o pai de Peer. Não demorou a chegar a notícia de que ele tinha morrido diante das forças superiores do inimigo.

Amargura e tristeza tomaram conta do pequeno sótão. Chorava a Mãe, choravam Peer e sua Avó, e toda vez que um vizinho subia até lá para visitá-los, eles sempre falavam sobre o "Papai" e voltavam a chorar. Dadas as circunstâncias, os donos da casa deixaram que a viúva ficasse um ano sem pagar aluguel, podendo ali permanecer depois desse prazo, mediante o pagamento mensal de uma quantia bem módica. A Avó continuou morando com eles, e a Mãe passou a ter de ganhar a vida lavando roupas "para cavalheiros solteiros e distintos", como chamava seus fregueses. Esse novo estilo de vida não acarretou para Peer qualquer tipo de privação. Ele continuou tendo comida e bebida com fartura, e nas horas vagas ficava a escutar a Avó, que lhe contava histórias maravilhosas e falava das distantes e estranhas terras que existiam no vasto mundo. Impressionado com tudo isso que escutava, ele um dia lhe perguntou se eles dois não poderiam aproveitar a folga de um domingo para visitar um país estrangeiro e voltar de lá como príncipe e princesa, usando coroas de ouro...

— Estou muito velha para isso — respondeu a Avó, — e você terá de, primeiro, aprender muita coisa, e se tornar grande e forte, mas sem deixar de ser esse menino bom e educado que tem sido até hoje.

Peer corria ao redor do quarto montado em cavalinhos de pau — tinha dois. Já o filho do negociante tinha um cavalo de verdade: um pônei, que Peer costumava chamar de Bebê-Cavalo, daquela raça que não cresce. Félix cavalgava o pônei no pátio da casa, e às vezes até saía pelo portão afora, acompanhado do pai e de um professor de equitação das Cavalariças Reais.

Um belo dia, pela primeira vez, Peer não quis brincar com seus cavalinhos de pau. Voltando-se para a Mãe, indagou dela por que razão ele não podia ter um cavalo de verdade, igual ao Bebê-Cavalo de Félix.

Ela respondeu:

— Félix mora lá embaixo, no primeiro andar, perto do estábulo, enquanto que você vive aqui em cima, logo abaixo do teto. Não podemos ter cavalos de verdade aqui em cima no sótão, mas apenas cavalinhos de pau. Trate de brincar com eles.

Depois de escutar essas palavras, Peer voltou a montar em seu cavalinho de pau e saiu a galope. Visitou primeiro a cômoda, a grande montanha que continha enormes tesouros. Ali estavam guardadas suas roupas dominicais e as de sua Mãe, além das moedas de prata que ela ali ia ajuntando, destinadas a pagar o aluguel. Depois cavalgou até o aquecedor, que chamava de "Urso Negro", devido ao tamanho, à cor e ao fato de ficar dormindo durante todo o verão, acordando durante o inverno para aquecer o quarto e servir de fogão de cozinhar.

Peer tinha um padrinho que costumava visitá-lo aos domingos, durante o inverno, quando aproveitava para almoçar com eles. A Mãe e a Avó diziam que as coisas não tinham corrido bem para ele, que antigamente trabalhava como cocheiro de diligências, mas que, num dia em que havia bebido uns goles a mais, dormira no posto, coisa que cocheiros e soldados jamais podem fazer. Despedido, passara a trabalhar para particulares, dirigindo ora tílburis, ora até mesmo carruagens pertencentes a pessoas da alta sociedade. Com o tempo, os pedidos de seus serviços foram escasseando, e ele atualmente estava dirigindo uma carroça de recolher lixo. Ia de porta em porta, anunciando sua aproximação com uma buzina. Escutando o som, assomavam à porta as empregadas e as donas de casa com as latas de lixo cheias, e despejavam na caçamba da carroça restos de comida, cisco, cinzas e tudo o mais que constitui o lixo recolhido numa casa.

Um dia, Peer desceu do sótão depois que sua Mãe tinha saído de casa. Estando parado diante do portão aberto, viu do lado de fora o padrinho com sua carroça.

— Quer dar uma voltinha? — perguntou o velho.

— Quero, sim! — respondeu Peer, imaginando que a voltinha iria estender-se apenas até a esquina.

De olhos brilhantes, sentou-se ao lado do padrinho, que lhe entregou o chicote, deixando-o dirigir cavalos de verdade, ao menos até a esquina. Nesse instante a Mãe já estava voltando, e não viu aquela cena com bons olhos, pois não era aprazível para uma mãe ver seu filho guiando uma carroça de lixo. Assim, ordenou que ele descesse imediatamente. Naquele momento, agradeceu a gentileza do compadre; porém, ao entrar em casa, repreendeu o filho, ordenando que ele nunca mais se sentasse na boléia daquele veículo.

De outra feita, quando ele de novo desceu e se postou junto ao portão de entrada, o que viu não foi o padrinho, mas outro tipo de tentação. Estavam passando por ali três ou quatro meninos de rua, a vasculharem a sarjeta para ver se encontravam alguma coisa digna de ser recolhida. Costumavam encontrar ali um botão de cobre, ou mesmo uma moeda, geralmente desse mesmo material, mas também, de vez em quando, acontecia de ferirem os pés com cacos de vidro ou pregos, o que, de fato, acabava de acontecer com um deles. Peer não teve dúvidas: entrou no meio da turma e, por sorte, acabou encontrando uma moeda, só que de prata!

Alguns dias depois, voltou a se juntar ao bando de meninos, que nada estavam conseguindo na sarjeta, a não ser sujar os dedos na lama, mas foi só chegar e logo encontrou um anel de ouro. Com olhos faiscantes, exibiu seu troféu para os demais. Foi o bastante para que eles passassem desse dia em diante a chamá-lo pelo apelido de "Sortudo". Por outro lado, proibiram-no de acompanhá-los enquanto estivessem vasculhando as sarjetas.

Atrás do quintal do negociante havia um terreno no qual se pretendia em breve construir um prédio. Cascalho e entulho eram ali despejados de tempos em tempos, formando grandes montes. O padrinho de Peer era um dos fornecedores habituais daquele material, mas o garoto não tinha permissão de seguir com ele até lá. Os meninos de rua costumavam vasculhar aquelas pilhas com paus ou mesmo com as mãos nuas, e sempre encontravam uma coisa ou outra digna de ser colhida. Um dia, Peer resolveu ir até lá. Logo que o avistaram, os meninos de rua gritaram:

— Cai fora, Sortudo!

Sem lhes dar ouvidos, ele continuou a se aproximar. Para afugentá-lo, arremessaram-lhe torrões de terra. Um deles caiu perto de seus pés e, ao ser pisado, esfacelou-se todo, rolando de dentro dele um objeto brilhante, que Peter logo apanhou. Era um coraçãozinho de âmbar, que ele tratou de levar para casa correndo. Nenhum dos meninos do bando notou o que havia acontecido, senão sua fama iria aumentar, já que até no entulho que lhe arremessavam ele acabava encontrando alguma coisa que valia a pena pegar. Ah, Peer sortudo!

A moeda de prata que ele tinha achado foi depositada em seu cofrinho. O anel e o coraçãozinho de âmbar foram mostrados à esposa do negociante, porque a mãe de Peer queria saber se seriam objetos perdidos que deveriam ser entregues à Polícia.

Os olhos da senhora faiscaram ao verem o anel de ouro. Era seu próprio anel de noivado, que ela havia perdido fazia três anos! Ele havia caído num buraquinho da sarjeta e ali ficara durante todo aquele tempo, coberto por um punhado de terra. Peer foi recompensado regiamente pelo achado, e a recompensa logo veio aumentar o conteúdo do cofrinho. Já o coraçãozinho de âmbar era um artigo barato, disse a senhora, e Peer poderia muito bem ficar com ele. E o coraçãozinho foi deixado sobre o tampo da escrivaninha, diante da qual ficava a cama da Avó.

À noite, enquanto ela repousava, algo lhe chamou a atenção.

— Deus do céu, como essa coisa brilha! — exclamou. — Até parece uma vela acesa!

Intrigada com o que seria aquilo, a velha senhora de vistas fracas, mas que enxergava coisas que ninguém via, levantou-se e constatou que o coraçãozinho refletia a luz de uma vela que dormia acesa dentro daquele cômodo. Mas bastou isso para que ela encontrasse um significado naquela visão. Na manhã seguinte, pegou uma fita delgada e resistente, passou-a através de uma abertura existente na parte de cima do objeto e o colocou ao redor do pescoço do neto.

— Nunca tire esse coração, a não ser para substituir a fita, e nunca o mostre aos outros meninos, pois eles poderão querer tirá-lo de você, e isso vai lhe provocar uma forte dor de barriga.

Dor de barriga era o único tipo de dor que ele conhecera até então.

Aquele coraçãozinho também possuía um estranho poder. A Avó mostrou que, quando ele era esfregado e aproximado de uma palha, ela parecia adquirir vida, sendo atraída para o objeto até se encostar nele, ali permanecendo enquanto não a tiravam de lá.

Capítulo II

O filho do negociante tinha um preceptor que lhe ensinava as lições, e que saía com ele para passear. Peer também teve sua educação, mas na escola pública, juntamente com grande número de outros meninos. Na hora do recreio, todos brincavam juntos, o que era bem mais agradável do que ficar passeando com um preceptor. Quanto a esse aspecto, Peer jamais quis trocar de lugar com seu pequeno companheiro.

Parece que a sorte de Peer acabou contagiando seu padrinho, que também passou a merecer o apelido de Sortudo, mesmo não se chamando Peer. Um dia, ele e mais onze amigos resolveram jogar na loteria. Pois não é que o bilhete deles foi sorteado, e cada um dos doze ganhou uma bolada de duzentos dólares?, O padrinho logo tratou de comprar roupas melhores, que o deixaram bem elegante. E como a sorte nunca vem sozinha, largou de mão sua carroça de lixo e foi contratado para trabalhar no teatro.

— Quê?! — estranhou a Avó. — Ele entrou para o teatro? E lá ele vai fazer o quê?

Lá ele foi trabalhar como maquinista, subindo e descendo cenários, cortinas e painéis. Convivendo nesse outro meio, tornou-se uma outra pessoa. Apreciava todas as peças, mesmo tendo de assistir a elas do lado de cima, na vertical. O que mais o encantava eram os espetáculos de balé, embora fossem o tipo de apresentação que lhe dava mais trabalho, especialmente por causa dos riscos de incêndio. Durante as cenas, ele não tinha descanso, porque os bailarinos muitas vezes tinham de voar ou de flutuar. O balé era algo que o pequeno Peer precisava de ver, e numa noite em que iria acontecer um ensaio geral de um novo balé, com os bailarinos vestidos e maquiados como irão se apresentar na noite de estréia, quando as pessoas pagam para ver toda aquela magnificência, ele recebeu a permissão de levar Peer, deixando-o num lugar de onde ele podia assistir a tudo confortavelmente.

Ia-se ensaiar um balé baseado em tema bíblico: *Sansão*. Na cena final, os filisteus dançavam ao redor do herói, que acabava derrubando todo o templo sobre eles e sobre si próprio. Para o caso de alguma emergência, havia extintores à mão e bombeiros a postos.

Peer nunca tinha visto uma encenação teatral, muito menos um balé. Ele vestiu sua roupa domingueira e seguiu com o padrinho para o teatro. O lugar lhe pareceu um grande galpão cheio de cortinas e de telas enormes, com aberturas no chão, muitas lâmpadas e poderosos holofotes. Havia também muitas entradas e saídas, muitos cantos e esconderijos, tudo muito bem disfarçado. De cada um deles entravam e saíam pessoas, como nas galerias laterais de uma grande igreja.

O menino sentou-se num lugar em que o chão apresentava um pequeno ressalto, tendo-lhe recomendado o padrinho que não saísse dali até que todo o ensaio terminasse. Como ele levava consigo três sanduíches, não teria com que se preocupar.

As luzes foram acesas feericamente, e então, a sua frente, como se vindo do chão, ouviu-se o som de flautas e violinos tocando uma música estranha. Nas cadeiras existentes ao lado do ressalto no qual Peer se acomodara foram-se sentando algumas pessoas, umas vestidas com roupas normais, outras com estranhas túnicas, tendo na cabeça elmos dourados, e a sua frente belas jovens com roupas de tule e de gaze, adornadas com flores, e até mesmo alguns anjos, envergando túnicas alvíssimas e ajeitando nas costas suas asas diáfanas. Toda essa gente foi-se acomodando nos degraus da escada, no chão e nos assentos das galerias para assistir ao que iria acontecer. Eram todos participantes do balé, mas disso Peer não sabia, imaginando que teriam saído dos contos de fada que a Avó lhe contava. Foi então que ele viu chegar uma mulher, a mais bonita de todas, trazendo na cabeça um elmo dourado, e na mão uma lança. Ela parecia ser a mais importante de todos os que ali estavam. Sem dizer coisa alguma, ela sentou-se entre um anjo e uma moça de túnica. Ah, quanta beleza, quanta maravilha! E olhem que o balé ainda nem tinha começado!

Súbito, todos fizeram silêncio. De algum lugar saiu um homem vestido de preto, empunhando e agitando uma espécie de varinha de condão, e se postou diante dos músicos, que logo começaram a tocar. A música ressoou como assobio estridente através do teatro, e aí a parede que havia diante do palco começou a subir. Alguém examinava um jardim, sob um sol brilhante, enquanto diversas pessoas dançavam e saltitavam a seu redor. Peer jamais imaginara poder contemplar uma cena tão maravilhosa quanto aquela. Súbito, todos se foram, e uma tropa de soldados invadiu o palco — era uma guerra! Depois, seguiu-se um banquete, vendo-se à mesa o poderoso Sansão e sua amada, que tanto tinha de má quanto de bela. Pouco depois, ela não hesitou em atraiçoá-lo, entregando-o aos filisteus, que lhe arrancaram os olhos e o obrigaram a trabalhar num moinho, e mais tarde a servi-los na grande sala do banquete, sofrendo zombarias e debiques, até que de repente ele abriu os braços e empurrou as enormes colunas de pedra que sustentavam o teto, sacudindo-as e fazendo trepidar todas as paredes do salão, que veio abaixo, enquanto chamas fantásticas, umas vermelhas e outras verdes, irrompiam furiosamente do chão!

Peer poderia continuar sentado ali durante o resto de sua vida, assistindo àquele espetáculo, e sem sentir fome! É bem verdade que ele, embora sem notar, tinha devorado os três sanduíches que trouxera de casa...

Quanta coisa teve para contar quando retornou ao sótão! Não queria de modo algum ir para a cama. Apoiado numa perna, esticou a outra e a apoiou sobre a mesa, do modo como tinha visto fazerem a amada de Sansão e as outras bailarinas. Depois, passou a girar ao redor de onde a Avó estava sentada e acabou revirando sobre si duas cadeiras e um travesseiro, só para mostrar como foi que o salão de banquete tinha desabado. Enquanto mostrava tudo isso, cantarolava a música que tinha escutado, já que não havia diálogos falados na peça. Cantava tanto as notas altas como as baixas, e ainda imitava os instrumentos, tudo de modo um tanto confuso, já que ele sozinho era toda a orquestra. E, para espanto geral, sua voz era límpida e afinada, coisa que até então ninguém havia notado.

Até esse dia, o sonho de Peer era trabalhar num armazém, especialmente junto ao balcão em que se vendiam ameixas secas e compotas. Mas agora passara a sonhar com algo bem mais maravilhoso: aprender balé para poder participar do elenco de *Sansão*. Muitos meninos pobres tinham sido bem sucedidos na carreira de bailarino, disse-lhe a Avó, e se tornado pessoas finas e distintas. Era uma carreira difícil, que ela não permitiria fosse seguida por alguma das meninas da família; quanto a ele, que era menino, aí o caso era outro, pois ele poderia agüentar firme as dificuldades da vida de bailarino. Peer discordou da opinião da Avó, pois tinha visto que as bailarinas da peça tinham agüentado firme até o fim, e só caíram no final, quando todo o salão desabou e não havia como manter-se de pé...

Capítulo III

A idéia de ser bailarino passou a tomar conta da mente de Peer, tornando-se um desejo ardente.

— Esse menino fica o dia inteiro falando nisso! Não me dá um minuto de sossego! — queixava-se a Mãe.

Por fim, a Avó prometeu que iria apresentá-lo ao diretor do balé, um cavalheiro distinto que residia em casa própria, assim como o negociante. Será que Peer um dia haveria de tornar-se tão rico quanto eles? Nada é impossível para Nosso Senhor, especialmente em se tratando de Peer, que tinha nascido com a maçã de ouro da sorte nas mãos, podendo essa sorte estender-se também a suas pernas — por que não?

Peer foi até a casa do diretor do balé, e logo o reconheceu: ele era o Sansão! Mas... como é que ele podia enxergar, se os filisteus malvados tinham cegado seus olhos? Ora, explicaram-lhe, tudo não passava de representação. Sansão tratou-o com gentileza e atenção. Mandou que ele ficasse de pé, bem ereto, olhasse-o nos olhos e erguesse a perna até que ele lhe visse o tornozelo, Peer fez o que ele mandou, e lhe mostrou não só o tornozelo, como até mesmo a sola do pé e todo o calcanhar.

— Ele gostaria de poder participar do balé — disse a Avó.

Isso foi facilmente arranjado com o diretor, mas antes disso sua Mãe e sua Avó tinham conversado com várias pessoas entendidas: primeiro, com a mulher do negociante, que achava ser aquela carreira excelente para um garoto bonito e honesto como Peer, mas sem qualquer futuro; depois, com a Srta. Frandsen, que sabia tudo sobre balé, e que no passado — quando a Avó ainda nem era mãe — tinha sido a mais bela bailarina do teatro, tendo desempenhado papéis de deusas e de princesas. Sim, naquele tempo ela era aclamada e aplaudida onde quer que se apresentasse. Infelizmente, o tempo passou e ela envelheceu — coisa que acontece com todos nós —, deixando de receber os papéis principais e sendo relegada às fileiras de coristas, acabando por figurar na última, quando entendeu que seus dias de bailarina tinham chegado ao fim. Durante algum tempo, ela ainda trabalhou no teatro como costureira, confeccionando as roupas de outras deusas e princesas.

— É assim que a coisa funciona na carreira teatral — disse a Srta. Frandsen. — É uma estrada aprazível de se viajar, mas cheia de espinhos. Um deles é o espinho do ciúme. Como ele ali viceja! É uma ciumeira sem fim!

No instante em que essa palavra — *ciúme* — foi pronunciada, Peer não captou seu significado, só vindo a fazê-lo tempos depois.

— Não há força ou pressão capaz de afastar esse menino da idéia de entrar para o balé — disse a Mãe.

— Quando você diz "esse menino", está querendo dizer "uma criança piedosa e cristã", pois é isso que ele é — corrigiu a Avó.

— E bem criado — concordou a Srta. Frandsen. — Um garoto de boa formação moral e espiritual, a mesma que tive e conservei, mesmo em meus dias áureos.

Assim, Peer foi para a escola de dança e ganhou algumas roupas de verão e sapatilhas de dança que o tornavam mais leve. As bailarinas mais velhas beijaram-no e brincaram com ele, dizendo que ali estava um menino bom de se morder.

Ele tinha de ficar ereto, de esticar a perna e de segurar-se a uma barra de ferro para não cair, enquanto se inclinava e desferia um pontapé no ar, primeiro com a perna direita, depois com a esquerda. Para ele, aquilo não era tão difícil quanto parecia ser para a maior parte dos outros aprendizes. O diretor o elogiava e dizia que ele logo estaria no balé, assumindo o papel do filho do rei que era transportado em triunfo e que usava na cabeça uma coroa de ouro. Com essa intenção, Peer primeiro ensaiou seu papel na escola de dança, e depois no próprio teatro.

A Mãe e a Avó de Peer foram assistir a sua representação e, quando o viram, caíram em prantos, embora estivessem felicíssimas com seu sucesso. Escondidas na platéia, nem foram vistas por Peer, em toda a sua pompa e glória, mas ele bem que enxergou a família do negociante, sentada no camarote mais próximo do palco. Nesse dia, o casal foi acompanhado de Félix, que trajava sua melhor roupa, usando inclusive luvas com botão, como os cavalheiros elegantes. Peer olhou para ele com orgulho, e ele para Peer com inveja, já que o vizinho, naquele instante, se tornara o filho do rei e usava uma coroa de ouro na cabeça. Nessa noite se estreitou a amizade entre ambos. Poucos dias depois, quando eles se encontraram no pátio da casa, Félix conversou com Peer e lhe revelou a satisfação que sentira ao vê-lo representando o papel de príncipe. Ele sabia muito bem que Peer não era um príncipe de verdade, mas o fato era que o tinha visto trajando vestimentas de príncipe e usando uma coroa de ouro.

— Vou usar de novo essa roupa no domingo — disse Peer.

Félix não foi vê-lo no domingo, mas pensou nele durante toda a noite. Como gostaria de poder estar na pele de Peer! Ele não tinha escutado a Srta. Frandsen alertar quanto aos espinhos que havia na estrada do teatro, especialmente o do ciúme, e mesmo Peer, que a escutara, não tinha compreendido todo o alcance de suas palavras. Mas isso não iria demorar a acontecer.

Seus companheiros, os meninos dançarinos, não eram todos tão bonzinhos como deveriam ser, de modo especial os que representavam o papel de anjos e traziam asas nas costas. Havia uma garotinha chamada Malle Knallerup que sempre — quando estavam ela e ele vestidos de pajem, tendo Peer a sua frente — pisava maldosamente no lado de seu pé, de modo a sujar suas meias. Havia também um menino malvado que sempre fincava alfinetes em suas costas, e que um dia comeu seu sanduíche "por engano", o que era mentira, já que Peer tinha almôndegas em seu sanduíche, enquanto que esse outro só levava pão puro sem manteiga. Engano uma ova!

Seria impossível relatar todos os aborrecimentos que Peer sofreu durante aqueles dois anos, e anos piores ainda estavam por vir.

Foi encenado um espetáculo de balé intitulado *Os vampiros*. Nele, os dançarinos do grupo infantil usavam fantasias de morcego, compostas de malha cinzenta bem justa, e asas de gaze negra presas aos ombros por cordéis. Andando ligeiras nas pontas dos pés, e com isso dando a impressão de serem tão leves que poderiam voar, as crianças tinham de ficar rodopiando pelo palco, coisa que Peer fazia particularmente bem. O problema era que a roupa inteiriça que cobria seu corpo dos tornozelos ao pescoço estava gasta e sem resistência. E assim foi que, num momento em que ele estava rodopiando diante dos olhares atentos dos assistentes, ela se rasgou nas costas de cima abaixo, deixando exposta a camiseta branca que ele vestia sob a malha. Todo o mundo riu. Peer logo entendeu o porquê das risadas, mas não parou de rodopiar, o que ainda mais aumentou o rasgão. O público prorrompeu em gargalhadas, o mesmo fazendo os demais vampirinhos, que se esqueceram de continuar dançando, ficando em volta dele e deixando-o sozinho a rodopiar pelo palco. Resultado: ao final do ato, a platéia aplaudiu delirantemente o número, e especialmente aquele menino dançarino, dirigindo-lhe gritos estentóreos de "Bravo! Bravo!".

— Esses aplausos foram para o vampiro rasgado! — comentaram as crianças entre si, começando a chamá-lo daí em diante de "Rasgão".

Terminado o espetáculo, Peer chorou amargamente, mas a Srta. Frandsen o consolou, dizendo-lhe:

— Não ligue, Peer, eles estão é com ciúme de você!

E foi assim que Peer aprendeu o exato significado daquela palavra.

Além de aprender a dançar, o teatro proporcionava aos aprendizes ensino escolar regular, com aulas de Aritmética, Escrita, História e Geografia, e até mesmo de Religião, pois não basta saber dançar – há coisas no mundo mais importantes do que usar sapatilhas de dança. Também nessas disciplinas Peer se destacava entre os melhores, e sempre tirava notas altas. Independente disso, seus colegas continuavam a chamá-lo de "Rasgão". Estavam apenas caçoando dele, mas um dia ele perdeu a paciência e acabou batendo num dos meninos, deixando-o com o olho esquerdo roxo, o que o obrigou a passar maquiagem pesada à noite ao participar do espetáculo. Peer foi severamente repreendido pelo diretor, e mais ainda pela faxineira, que, aliás, era a mãe do menino que tinha levado a surra.

Capítulo IV

Muitos pensamentos passavam pela cabeça de Peer. Um domingo, quando ele estava vestindo suas melhores roupas, saiu sem dizer uma palavra à Mãe e à Avó, sem consultar a Srta. Frandsen, que sempre lhe dava bons conselhos, e se dirigiu à casa do maestro da orquestra, que ele julgava ser a pessoa mais importante de todo o teatro. O maestro o recebeu, ele entrou e, sem qualquer hesitação, foi logo dizendo:

— Sou aluno da escola de dança, mas ali existe muito ciúme, e por isso eu gostaria de entrar para a orquestra, como músico ou cantor. O senhor pode me ajudar?

— Você tem boa voz? — perguntou o maestro, olhando-o com ar divertido. — Tenho a impressão de já ter visto você alguma vez. Onde terá sido? Ah, já sei! Você é aquele morceguinho que dançou com um rasgão nas costas!

E soltou uma gostosa risada.

Peer ficou enrubescido. Ao que parece, ele não era mais o Sortudo, como sua avó costumava chamá-lo. Ficou envergonhado, desejando naquele momento estar bem longe dali. Nesse momento, o maestro pediu:

— Cante-me alguma coisa. Vamos, garoto, ânimo! — e deu-lhe um tapinha carinhoso no queixo.

Vendo o olhar bondoso que o maestro lhe dirigia, Peer cantou a ária *"Tem compaixão de mim"*, que tinha aprendido depois de escutá-la no teatro, durante as encenações da ópera *Robert le Diable*.

— Epa! Você escolheu uma peça difícil, mas soube cantá-la muito bem! — exclamou o maestro. — Sua voz é excelente, e desta vez sua roupa não se rasgou!...

Ainda rindo da pilhéria, o maestro chamou sua esposa, dizendo-lhe:

— Escute só como este menino canta bem!

Depois de ouvi-lo, ela meneou a cabeça em sinal de aprovação, dirigindo ao marido alguns comentários em língua estrangeira. Nesse instante chegou ali o professor de canto do teatro. Era ele, e não o maestro, a quem Peer deveria ter procurado, já que pretendia tornar-se um cantor. Por puro acaso e muita sorte, foi o professor que veio até ele. A pedido do maestro, Peer voltou a cantar *"Tem compaixão de mim"*. Diferentemente do maestro, o professor de canto não riu dele, mas também não lhe dirigiu os olhares simpáticos do maestro e de sua esposa. Por outro lado, ali mesmo ficou decidido que, a partir do dia seguinte, Peer iria tomar lições de canto.

— Agora ele está no caminho certo — disse a Srta. Frandsen. — Vai-se mais longe com a garganta do que com as pernas. Se eu fosse dotada de boa voz, talvez me tivesse tornado uma prima-dona, e mais tarde até uma baronesa!...

— O mais certo seria ter-se casado com aquele encadernador de livros — retrucou a mãe de Peer. — Houve um tempo em que você se interessava muito pela arte da encadernação...

O que haveria por trás dessas palavras, só as duas mulheres sabiam.

Ao tomarem conhecimento do ocorrido, todos quiseram escutar Peer, que teve de cantar tanto para a Srta. Frandsen como para a família do negociante, à noite, aproveitando que estava havendo uma recepção, estando a casa repleta de convidados. Depois de ouvi-lo cantar diversas árias, entre as quais *"Tem compaixão de mim"*, todos prorromperam em aplausos. Félix também aplaudiu o amigo, mas para ele não era surpresa que Peer soubesse cantar tão bem, pois já o tinha escutado no estábulo, numa ocasião em que ele havia cantado e "tocado" todas as músicas do balé *"Sansão"*. Ao contar esse caso, sua mãe contestou:

— Todas as músicas daquele balé?! Não creio que isso seja possível!

— Para o Peer é mais que possível! Mostre a ela, Peer!

Atendendo o pedido do amigo, Peer cantou, narrou as cenas, imitou repiques do tambor e o som de alguns instrumentos. Tudo não passava de uma brincadeira, mas os fragmentos das conhecidas melodias da peça permitiram visualizar diversas cenas do balé, fazendo com que os convidados achassem muita graça naquilo e aplaudissem o garoto com entusiasmo. A dona da casa serviu-lhe uma generosa fatia de bolo e o presenteou com uma moeda de prata.

Como Peer se sentiu feliz! Sua satisfação durou até que ele descobriu, no fundo da sala, um cavalheiro que o encarava com ar severo. Havia algo de duro e de carrancudo em seus olhos negros. Ele não riu, nem demonstrou sequer um indício de apreciação. Aquele homem era o professor de canto!

No dia seguinte, Peer foi a sua casa, e ali o encontrou com ar ainda mais severo que na véspera.

— Que vexame você deu ontem, hein? — repreendeu o professor. — Fiquei envergonhado de vê-lo ali naquela sala fazendo papel de palhaço para toda aquela gente! Não me repita isso, viu? Não quero vê-lo mais se exibindo por aí como um pavão! Estou por aqui com você! Pode ir embora, que não vamos iniciar hoje suas lições de canto.

Peer saiu dali cabisbaixo e amargurado, certo de que o professor não iria nunca mais ministrar-lhe aulas de canto. Ledo engano! Sua atuação tinha deixado o mestre bastante impressionado. Tirante o exibicionismo e a infantilidade da representação, era inegável o talento e a competência daquele garoto, seu ouvido para a música, o ritmo e a qualidade de sua voz. Se bem encaminhado, ele poderia ir muito longe!

Para seu alívio, no dia seguinte tiveram início as lições de canto. Peer logo demonstrou seu interesse, esforço e talento. Quanta coisa havia para aprender e desenvolver! A Mãe labutava sem descanso para proporcionar-lhe uma existência digna, procurando mantê-lo sempre limpo e bem vestido, para não ser desdenhado pelas pessoas com as quais teria então de conviver. Quanto a ele, estava sempre cantando, sempre feliz.

— Nesta casa não precisamos de um canário para nos alegrar — dizia a Mãe, satisfeita e orgulhosa.

Aos domingos ele cantava salmos com a Avó. Era um encanto escutar sua voz fresca fazendo dueto com a dela.

— É muito mais bonito ouvi-lo cantar suavemente um salmo — dizia ela — do que aquelas músicas que ele tem de cantar berrando!

Era assim que ela definia seu canto quando, como um passarinho, sua voz era emitida jubilosamente, em tons que pareciam provir de seu coração, enchendo o ar de harmonia e beleza. Como poderia aquela pequena garganta e aquele peito infantil desferirem tais notas e emitirem sons tão maravilhosos? Ele de fato podia imitar toda uma orquestra, desde a flauta até o fagote, passando pelo violino e o clarim. Cantava como um pássaro, senão melhor, já que a voz humana é mais melodiosa, mesmo em se tratando de uma voz infantil, mas contanto que fosse de alguém com a qualidade vocal de Peer.

No inverno, porém, justo quando estava se preparando para ser crismado, Peer apanhou um resfriado. O passarinho que havia em seu peito emitiu um pio angustiado, e sua voz como que se rompeu, do mesmo modo que tinha acontecido naquela noite fatídica com sua roupa de vampiro.

"Não é uma grande perda, apesar de tudo", pensaram a Mãe e a Avó. "Se ele agora não pode cantar, por outro lado poderá se dedicar mais seriamente à Religião".

Sua voz estava mudando, disse o professor de canto. Por algum tempo, ele devia abster-se de cantar. E por quanto tempo? Um ano, talvez dois. Podia até ser que a voz nunca mais voltasse a ser como era. Oh, que tristeza!.

— Agora — disse a Mãe, e a Avó confirmou, — pense apenas em sua Crisma.

Peer muito meditou no tocante aos temas religiosos, mas não deixou de estudar Música, pois ela tocava e ressoava dentro dele. Passou a compor e escrever pequenas peças musicais; de início, apenas a música, mas depois passou a inserir as letras.

– Você é também um poeta, Peer – disse-lhe a mulher do negociante, num dia em que ele lhe mostrou suas composições.

Para o negociante, ele compôs uma peça apenas instrumental, para Félix e para a Srta. Frandsen dedicou peças com música e letra. Ao receber a sua partitura, a Srta. Frandsen fez questão de copiar a letra num álbum, onde já tinham sido anotadas as letras de outras canções compostas por dois antigos admiradores que, quando as compuseram, ainda eram tenentes, mas que agora eram oficiais graduados e já reformados. Quanto ao álbum, tinha sido presenteado por alguém que se assinava apenas "Um amigo", e que, além de ofertá-lo, tinha se encarregado do trabalho de encaderná-lo.

Peer foi crismado durante as festas de Páscoa. Félix presenteou-o com um relógio de prata. Era o primeiro que ele tinha, e sentiu que isso o transformava num homem, pois agora não tinha de ficar perguntando aos outros quantas horas eram. Félix subiu ao sótão para cumprimentá-lo e entregar-lhe o presente. Ele próprio só iria ser crismado no próximo outono. Os dois meninos da casa, nascidos ali mesmo e no mesmo dia, se cumprimentaram com um forte aperto de mãos. Naquela noite, Félix comeu um pedaço de bolo que tinha sido assado no forno do sótão para comemorar a Crisma de Peer.

— Hoje é um dia solene e muito feliz para todos nós — disse a Avó.

— Sim, para todos nós, presentes e ausentes — concordou a Mãe. — Como eu gostaria de que o Papai estivesse aqui agora para ver o Peer!

Os três seguiram no domingo seguinte para a cerimônia da Primeira Comunhão de Peer. Quando voltaram da igreja, encontraram um empregado do professor de canto, com um recado para Peer, pedindo-lhe para ir até sua casa. No mesmo instante ele se dirigiu para lá, onde o esperavam algumas novidades; por um lado, boas; por outro, sérias. Como era de seu conhecimento, ele teria de parar de cantar durante um ano, deixando a voz em repouso, ou, como diria um lavrador, "em pousio", que é como se diz quando os solos cansados ficam descansando para recuperar sua fertilidade. Nesse meio tempo, deveria prosseguir sua educação, mas não na capital, onde toda noite ele ficaria tentado a visitar o teatro, do qual não conseguia manter-se afastado, mas sim num lugar do interior, situado a cento e vinte milhas de sua residência, como aluno interno na casa de um mestre-escola que se dedicava à educação de jovens. Ali já havia dois outros rapazinhos que em breve seriam colegas de Peer. O mestre-escola era uma autoridade em Linguagem e Ciências, disciplinas que algum dia lhe poderiam ser úteis. O custo de um ano de curso era de trezentas coroas, a serem custeadas por "um benfeitor que não desejava revelar seu nome".

— Só pode ser o negociante — concluíram a Mãe e a Avó.

Chegou o dia da partida. Muitas lágrimas foram derramadas, beijos e bênçãos distribuídos, e então Peer seguiu de trem pelo vasto mundo afora, através das cento e vinte milhas que o separavam do lugar onde iria residir durante um ano.

Era época de Pentecostes. O sol brilhava, e as florestas, verdes e viçosas, iam ficando para trás à medida que o trem as atravessava. Campos e aldeias desfilavam diante dele, numa seqüência ininterrupta. Sucediam-se as propriedades rurais, uma após a outra. Acostumadas ao barulho do trem, as reses continuavam a pastar serenamente. Agora passavam por uma estação, depois por outra, e atrás de cada estação uma nova cidade. A cada parada, pessoas saudavam quem chegava e davam adeus a quem partia. Dentro e fora dos vagões era uma algazarra só.

Peer sentou-se perto de uma mulher muito falante, vestida de luto.

Ela estava contando uma história comprida, a respeito de *seu* túmulo, *seu* caixão e *seu* defuntinho que havia morrido, e que nunca tinha sido feliz enquanto vivera. Tinha sido um grande alívio para ela e a desventurada criança sua partida deste mundo.

— Não poupei despesas com flores naquela ocasião — disse ela, — e olhe que ele morreu numa época muito cara, quando as flores tinham de ser cultivadas em estufa! Todo domingo eu visitava *meu* túmulo e depositava nele um grinalda de flores com grandes laços de seda branca. Não demorava, e os laços de seda eram roubados por certas moças que eu bem conhecia, e usados como fitas de dança, de tão bonitos que eram! Certo domingo fui até o cemitério e procurei a cova à esquerda do caminho principal, que era onde ele tinha sido enterrado. Quando lá cheguei, porém, vi ali gravado o nome de outra pessoa! Sem me avisar, tinham transferido *meu* caixão para o lado direito! Então perguntei ao coveiro o porquê daquilo, ao que ele respondeu: "Foram as ordens que recebi, Dona. Sua cova, agora, é a do lado direito. Este túmulo daqui passou a abrigar o corpo de outra pessoa!" Aí eu protestei: "Mas este aqui é que é o *meu* túmulo! Não acho certo trazer flores para pôr numa sepultura diferente daquela que sempre enfeitei, e sem qualquer indicação! Trate de trazer *meu* cadáver de volta para o lugar antigo!" — "Não posso, Dona", disse ele. "Só com ordem do Diretor". Então, fui falar com o Diretor. Ah, que homem bom! Ele me prometeu que iria gravar o nome de meu defuntinho sobre o túmulo do lado direito. Isso só me custaria cinco dólares. Paguei sem pestanejar, agradeci, voltei ao lugar onde estavam os dois túmulos e perguntei ao coveiro: "Você me garante que é neste túmulo daqui que repousam *meu* caixão e *meu* cadáver?" – "Com certeza, Dona! Fui eu mesmo que fiz o traslado". Agradeci, dei-lhe uma boa gorjeta e perguntei quanto me custaria pôr sobre o túmulo uma tabuleta com uma inscrição. Ele me disse quanto custaria, eu paguei e tempos depois voltei ao cemitério. A tabuleta estava pronta, mas, para meu espanto, tinham pintado no topo dela uma borboleta dourada! Fiquei furiosa! Afinal de contas, aquilo era o símbolo da Frivolidade! "Não, Dona", protestou o coveiro, "é o símbolo da Imortalidade!" Alguém aqui do trem já ouviu falar disso? Pois é, eu também não. Mas naquela hora, preferi ficar calada, porque não gosto de esticar conversa. Peguei a tabuleta, levei-a comigo e deixei-a guardada na despensa. Ela ficou ali até que meu inquilino chegou. Ele é estudante e tem muitos, muitos livros. E ele me assegurou que a borboleta simboliza de fato a Imortalidade. Sendo assim, levei a tabuleta de volta para o cemitério e deixei-a sobre o *meu* túmulo.

Nesse meio tempo, o trem chegou à estação na qual Peer devia descer. Naquela cidade ele iria estudar, tornar-se tão sabido como o inquilino da senhora falante, e ter, como ele, muitos, muitos livros.

Capítulo V

Mestre Gabriel, o erudito em cuja casa Peer iria viver como estudante interno, estava ali a sua espera. Ele era magro como um esqueleto. Seus olhos grandes e brilhantes eram esbugalhados a um tal ponto que, quando ele espirrava, corria o risco de que saltassem para fora das órbitas. Lá estava ele, acompanhado de três meninos pequenos (um deles tropeçou nas próprias pernas, e os outros dois pisaram no pé de Peer, na ânsia de vê-lo mais de perto) e dois maiores. O mais velho, de quatorze anos, era um rapazinho de pele clara tomada por sardas e espinhas.

— Este é o Madsen, que está se preparando para, daqui a três anos, cursar a faculdade. Mas, para isso, terá de se dedicar com mais afinco aos estudos! Este outro é Primus. O pai dele é o Deão da nossa igreja — e indicou o mais novo, que parecia uma espiga de trigo. — Ambos são meus discípulos e hóspedes, como você agora passará a ser. E estes três pequenos são o "recheio" lá de casa – era assim que se referia a seus três filhos. — Trine, ponha a mala do novato em seu carrinho de mão. E vamos para casa que a mesa já deve estar posta.

— Vamos ter peru recheado! — exclamaram os dois alunos internos.

— Peru recheado! — exclamou em eco o caçula do professor, enquanto que o mais velho tropeçava de novo nas próprias pernas.

— Preste atenção em seus pés, Caesar! — advertir Mestre Gabriel.

Atravessaram toda a cidade e prosseguiram por uma estradinha até chegarem a uma grande casa de madeira não muito bem conservada, ladeada por um caramanchão coberto de jasmins. À porta já os esperava Madame Gabriel e mais dois "recheios"; dessa vez, duas meninas.

— Eis o novo aluno — disse Mestre Gabriel.

— Que seja bem-vindo! — saudou Madame Gabriel, mulher jovem e bem nutrida, de pele clara e bochechas vermelhas, um cachinho que caía sobre a testa e cabelos untados com brilhantina. — Deus do céu, como você é crescido! Já é um homem feito e acabado! Eu tinha imaginado que você fosse como o Primus ou o Madsen. Gabriel, meu anjo, você fez muito bem de ter providenciado aquela tranca reforçada na porta de comunicação! Você entende o que estou querendo dizer...

— Deixe de falar asneira! — resmungou Mestre Gabriel.

Entraram todos na casa. Sobre a mesa havia um livro aberto — um romance — e, sobre a página em que tinha sido interrompida a leitura, fora deixado um sanduíche, à guisa de marcador.

— Agora é hora de cumprir meu dever de dona de casa.

E, acompanhada dos cinco filhos e dos dois internos, começou a mostrar a Peer os cômodos da casa, começando pela cozinha, seguindo depois por um corredor até um pequeno quarto cuja janela dava para o jardim — era ali que ele doravante iria dormir e estudar. No quarto ao lado dormiam ela e os cinco filhos. Entre os dois cômodos havia a tal "porta de comunicação" que, por uma questão de decência e para prevenir mexericos ("que não poupam pessoa alguma"), tinha recebido de Mestre Gabriel, na véspera, uma tranca reforçada, atendendo um pedido expresso de Madame.

— Queremos que você se sinta como se estivesse em sua casa. Temos um teatro aqui na cidade. O farmacêutico dirige um grupo amador, mas geralmente quem atua aqui são artistas itinerantes. Mas basta! Agora é hora de comer o peru.

E, dizendo isso, introduziu Peer na sala de jantar, onde havia um varal cheio de roupas secando.

— Espero que você não se incomode com isso — desculpou-se. — São roupas lavadas. Tenho certeza de que essa exibição de limpeza não haverá de lhe causar desconforto ou parecer estranha.

Peer sentou-se para comer o peru assado, juntamente com as crianças da casa. Os dois alunos internos se retiraram, voltando pouco depois para apresentar um número destinado ao entretenimento de todos, especialmente do novato. Passara fazia pouco pela cidade uma companhia de atores itinerantes, que tinha representado a famosa peça *Os bandoleiros,* de Schiller. Os dois garotos mais velhos tinham-na apreciado muito, e naquele instante resolveram reproduzi-la em casa, representando todos os papéis, muito embora só se lembrassem de uma fala: *"É no estômago que são produzidos os so-*

nhos". Em sua versão doméstica, aquela frase era repetida invariavelmente por todos os personagens da peça, cada qual com seu tom de voz. E assim entrou em cena Amélia, a de olhos celestiais e ar sonhador, sussurrando: *"É no estômago que são produzidos os sonhos"*! E, depois de dizer isso, afundava o rosto nas mãos. Em passos largos, entrava o mocinho Carl Moor, pontificando com autoridade: *"É no estômago que são produzidos os sonhos!"*. Nessa altura do espetáculo, todos os meninos resolveram participar da encenação, interpretando os bandoleiros cruéis e vociferando uns para os outros: *"É no estômago que são produzidos os sonhos!!!"*

E foi assistindo a essa peça de Schiller, representada de modo tão original, e devorando um peru assado, que Peer iniciou sua estada como estudante interno na casa de Mestre Gabriel.

Terminada a refeição, ele seguiu até seu quarto, de onde, através da janela envidraçada, entravam a luz e o calor do sol. Dali se podia avistar o jardim. Peer se sentou na beirada da cama e ficou olhando para fora, vendo Mestre Gabriel que ali caminhava, inteiramente absorto na leitura de um livro. Ao chegar perto da janela, o professor ficou olhando para ela, com os olhos fixos em Peer, que o saudou respeitosamente com um aceno de cabeça. Nesse instante, Mestre Gabriel escancarou a boca, pôs a língua para fora e a ficou rodando de um lado para o outro, diante de um Peer intrigado e estupefacto. Pouco depois ele voltou e a estranha cena se repetiu.

Por que teria ele agido daquele modo? O que Peer não sabia era que, devido à incidência dos raios do sol, o professor não via através da vidraça, enxergando nela apenas o reflexo de sua imagem, e naquele instante, sentindo uma certa indisposição de estômago, tinha resolvido examinar sua língua para verificar se ela estaria ou não saburrosa. Também disso Peer não tinha conhecimento.

Pouco depois que anoiteceu, Mestre Gabriel foi para seu quarto e Peer permaneceu no dele. Passado algum tempo, escutou vozes femininas a discutir. O som provinha do quarto ao lado, onde Madame dormia com seus filhos.

— Vou subir até o quarto do Gabriel e contar para ele como vocês todos não passam de uns grandes velhacos!

— Nós também vamos lá dizer o quê que a Madame é

— Vou ter um acesso! — gritou ela.

— E quem é que vai querer ver uma mulher tendo acesso? Aqueles quatro "doutores" ?

Então a voz de Madame baixou de tom, mas continuou sendo escutada distintamente.

— Que irá pensar o novato de nossa casa, quando escutar toda esta vulgaridade?

Depois disso, a discussão continuou entre vozes sussurradas, até que de novo Madame ergueu a voz e ordenou:

— Primícia! Finis! — (assim se chamavam as filhas). — Parem de discutir e vão até a cozinha preparar um ponche!

Cessou a altercação. A porta se abriu e as meninas saíram do quarto. Logo em seguida, Madame bateu na porta de comunicação e se dirigiu a Peer, dizendo:

— Pois é, mocinho, você não faz idéia do que significa ser mãe e dona de casa. Agradeça aos céus por não ter duas meninas a importuná-lo o tempo todo, sem parar. Quando quero ter paz, dou-lhes um copo de ponche. Vou-lhe dar um também — ponche é ótimo para quem quer dormir —, mas aqui ninguém se atreve a transpor a porta do corredor depois das dez da noite, porque meu Gabriel é muito severo quanto a isso. Mas há um modo de contornar esse empecilho. Nesta porta tem um buraco, disfarçado com um pedaço de couro. Vou afastar o couro e passar um funil pelo buraco. Ponha seu copo debaixo do bico do funil, que assim eu poderei enchê-lo de ponche. Mas guarde segredo disso. Não conte para ninguém, especialmente para o Gabriel. Você não deve importuná-lo com essas trivialidades domésticas.

E assim foi que Peer conseguiu seu ponche e a paz voltou a reinar no quarto de Madame e em toda a casa. Peer foi para a cama, pensou na Mãe e na Avó, rezou a oração da noite e adormeceu.

Segundo lhe dissera sua Avó, aquilo que se sonha durante a primeira noite numa casa estranha tem um significado especial. Peer sonhou que tinha tirado do pescoço seu coraçãozinho de âmbar e o plantado num vaso. Ele deitou um broto e passou a crescer até se transformar numa árvore enorme, cuja copa ultrapassava o forro e o teto do quarto, e cujos frutos eram milhares de coraçõezinhos de prata e de ouro. Com o peso da árvore, o vaso se quebrou e o coraçãozinho de âmbar se transformou num torrão informe de terra. Adeus, coraçãozinho! Nesse instante, Peer acordou, levou a mão ao peito e constatou que o pequeno objeto ali estava, como sempre. Aliviado, apertou-o carinhosamente contra seu próprio coração.

Capítulo VI

Na casa de Mestre Gabriel o estudo começava logo depois do desjejum. Naquele dia estudaram Francês. Na hora do almoço, estavam todos à mesa, exceto o dono da casa. Ela então sorveu sua segunda xícara de café, pois seu desjejum era tomado na cama.

— Para quem, como eu, é propensa a espasmos — disse ela, — o café é um santo remédio. Que matéria estudou hoje, Peer?

— Francês, senhora.

— É uma língua de muita classe, o francês. Quem a fala são os diplomatas e as pessoas de distinção. Não tive oportunidade de estudá-la quando era criança, mas quem se casa com um homem culto acaba absorvendo sua cultura, assim como um bebê absorve o leite materno. Desse modo, acabei aprendendo as palavras mais importantes, e estou certa de que saberia conversar muito bem com alguém que não falasse nossa língua, mas que soubesse expressar-se em francês.

Ao se casar com um erudito, Madame recebeu dele um nome novo, deixando de ser *Mette*, conforme fora batizada. Era o nome de uma tia cuja herança seus pais ambicionavam para ela. A tia morreu, a herança não veio, mas o nome ficou, até que Mestre Gabriel rebatizou-a como *Meta*, palavra latina que significa "medida". Ao se casar, todas as roupas de seu enxoval foram bordadas com as iniciais de seu nome — *M. G.* —, mas o jovem Madsen, que era muito espirituoso, interpretava o significado daquelas letras como sendo as iniciais de "Meio Gorda", e acrescentava um enorme ponto de interrogação, a tinta, nas toalhas de mesa e de banho e nos lençóis.

— Quer dizer que você não gosta dela? — perguntou-lhe Peer, ao tomar conhecimento disso. — Não entendo por quê. Ela é tão gentil, e Mestre Gabriel tão culto!

— Ela é um saco de mentiras! — retrucou Madsen. — E quanto ao Mestre, esse aí não passa de um patife! Ah, se ele fosse recruta e eu fosse o cabo! Iria botá-lo na linha.

E, ao dizer isso, seu rosto adquiriu uma expressão assassina, suas sardas pareceram se multiplicar e sua boca se crispou num ricto de ódio.

Peer teve um estremecimento ao ouvir essas palavras terríveis, que lhe causaram um verdadeiro choque Mas, pensando bem, o jovem Madsen tinha todo o direito de proferi-las. Era uma coisa cruel da parte dos pais e professores obrigar um infeliz a gastar a maior parte de seu prazeroso tempo juvenil decorando regras gramaticais, nomes de gente morta e datas, coisas às quais ninguém dá a menor importância, em vez de deixá-lo desfrutar sua liberdade descansando e perambulando por aí com uma espingarda de chumbinho debaixo do braço, treinando seus dotes de caçador.

— Mas isso ele não deixa! — protestava Madsen. — O que ele quer é que eu fique sentadinho na carteira, sem tirar os olhos — mesmo que ainda esteja com sono — daqueles malditos livros! E que ganho com isso? Além de ser chamado de "preguiçoso" e nunca receber um conceito melhor do que "sofrível", ele está sempre mandando bilhetes para meus pais, dizendo cobras e lagartos de mim! Está vendo? Ele é ou não é um grande patife?

— E ele bate na gente também! — acrescentou o pequeno Primus, que concordava em tudo por tudo com Madsen.

Essa informação deixou Peer um tanto preocupado, mas sem motivo, pois durante sua permanência ele não sofreu qualquer castigo, talvez porque já estivesse bem crescido, conforme Madame tinha dito. E também não foi chamado de preguiçoso, pela simples razão de que não o era. Suas lições passaram a ser ministradas particularmente, pois ele logo ficou bem à frente de Madsen e de Primus.

— Esse aí tem talento! — comentou Mestre Gabriel com seus vizinhos.

— Vê-se logo que ele freqüentou uma escola de dança — acrescentou Madame.

— Então ele tem de fazer parte de nosso grupo dramático — concluiu o farmacêutico, que mais se interessava pelo teatro do que pela sua farmácia.

Segundo a crendice popular, a pessoa que é mordida por um louco adquire o mesmo tipo de loucura que ele tem. Diziam as más línguas locais que o farmacêutico devia ter sido mordido por algum ator insano, e que por isso acabara ficando doido por teatro.

— Esse rapazinho nasceu para ser galã — garantia o farmacêutico. — Daqui a uns dois anos ele já poderá representar o papel de Romeu. Creio mesmo que, se for bem maquiado e se lhe pintarmos sob o nariz um bigodinho, já poderia representar esse papel no próximo inverno.

A filha do farmacêutico, "um grande talento dramático", segundo o pai, "uma verdadeira beldade", segundo a mãe, poderia ser a Julieta.

Madame Gabriel poderia ser a Ama, e o farmacêutico, que era diretor, produtor e ator, poderia representar o papel do Boticário, pequeno mas importante. Tudo dependia de que o Mestre Gabriel desse a sua permissão. Isso teria de ser conseguido através de Madame Gabriel. Dobrá-la, portanto, seria a primeira tarefa do farmacêutico, que acreditava conhecer o segredo de como conseguir isso facilmente.

— Você nasceu para representar o papel da Ama — disse-lhe ele, com ar blandicioso. — É de fato o papel mais importante da peça, pois é o que lhe confere a sua comicidade. Se não fosse a Ama, essa peça seria uma tristeza só. Ninguém senão a senhora, Madame Gabriel, tem a vivacidade e o espírito necessários para revestir de brilho tal papel.

Ela concordava com tudo o que ele tinha dito, mas seu marido certamente não iria permitir ao jovem estudante despender seu precioso tempo dedicando-se a ensaiar e representar o papel de Romeu. Todavia, ela se comprometia a "bombeá-lo" (para ela, essa expressão significava "persuadir por meio da perseverança"). O farmacêutico, imediatamente, pôs-se a estudar seu papel e a imaginar sua maquiagem. Ele queria parecer que era magro como um esqueleto, assumindo a aparência de um sujeito miserável, porém sagaz – um problema difícil de ser solucionado. A tarefa de Madame era mais árdua: "bombear" o marido para conseguir dele a tal permissão. Ele de início foi taxativo na recusa, dizendo não saber como justificar tal atitude perante os responsáveis por Peer, que tinham pago por seu estudo e sua estada, caso autorizasse o jovem a tomar parte na representação de uma peça teatral. Mas não podemos omitir o fato de que Peer desejava participar dela de todo o coração.

— Pena que não basta querer... — dizia, desconsolado

— Querer é poder — contestava Madame. — Deixe estar, que estou em pleno processo de "bombeamento".

Seu próximo passo foi preparar um ponche para o marido, que todavia alegou não gostar de ponche, recusando-se a tomá-lo. Muitas vezes os casais são formados por parceiros bem diferentes um do outro (e nesta afirmativa não há qualquer menção desairosa a Madame). "Um copinho só, nada mais", pensava ela. "É o suficiente para abrir a mente e tornar a pessoa feliz, como, aliás, nós devíamos ser, pois é o que o Senhor deseja para todos nós..."

Mas, por fim, bombeia daqui, bombeia dali, os artifícios de Madame surtiram efeito, e Peer recebeu permissão para ser o Romeu da peça.

Os ensaios deviam acontecer na residência do farmacêutico. Na mesa posta para os artistas havia chocolate e "talentos", uns biscoitinhos minúsculos que eram vendidos na padaria por um tostão a dúzia. Eram tantos e tão miudinhos que a palavra "talento" para designar cada um deles só poderia mesmo ser considerada uma pilhéria, um dito espirituoso.

— Como é fácil fazer as pessoas rirem — comentou Mestre Gabriel, sem levar em conta que ele próprio tinha o costume de designar pessoas e coisas por apelidos, alguns bastante espirituosos. Da casa do farmacêutico, por exemplo, ele costumava dizer que se tratava de "uma arca de Noé que abrigava tanto bichos limpos como bichos sujos", devido aos animais de estimação que ali havia, tratados com carinho por toda a família. O que não se sabia era a qual dos dois grupos de moradores ele se referia como sendo os limpos... A filha, por exemplo, tinha uma gata bonita e de pêlo macio chamada Graciosa, que costumava ficar ora no peitoril da janela, ora no colo da dona, ora aninhada entre suas costuras, ou mesmo caminhando sobre a mesa posta para o jantar. Já a dona da casa gostava de aves: criava galinhas e patos, além de canários e um papagaio, de nome Polly, cuja algazarra soava ainda mais alto que os cacarejos, grasnidos e gorjeios de todos os seus demais colegas juntos. Para completar, Flick e Flock, dois cães, viviam perambulando pela casa e, embora seu odor não lembrasse de modo algum um frasco de perfume, tinham por hábito espojar-se no sofá da sala ou nas camas dos moradores.

Por fim, o primeiro ensaio começou, mas teve de ser interrompido no momento em que um dos cães babujou no vestido novo de Madame Gabriel. Ele não o fez por mal, mas sim como um ato amistoso, e por sorte a baba não iria deixar nódoa. Também a gata provocou uma ligeira perturbação na ordem, com sua insistência em estender a pata para Julieta e subir sobre sua cabeça, deixando a cauda a oscilar suavemente diante de seu rosto. As declarações de amor de Julieta eram dirigidas ora a Romeu, ora a Graciosa, em partes iguais. Já as falas de Romeu reproduziam integralmente tudo o que ele de fato gostaria de dizer para a filha do farmacêutico.

— Que moça encantadora! — comentou Madame. — Fresca e inocente como uma criança! Ela é perfeita para o papel!

O fato é que Peer, quando se deu conta, estava perdidamente apaixonado pela jovem. Quanto à gata, fosse por instinto, fosse por alguma intuição mais elevada, não demorou a se encarapitar no ombro do rapaz, como se simbolizando a simpatia existente entre Romeu e Julieta.

À medida que transcorriam os ensaios, foram-se tornando cada vez mais fortes e evidentes o sentimento de Peer, a confiança da gata, a agitação e o alarido do papagaio e dos canários, e a impertinência de Flick e Flock, que não paravam de entrar e sair da sala.

Por fim, chegou o dia do espetáculo, ou melhor, a noite. No papel de Romeu, Peer foi perfeito, especialmente na cena do beijo, que ele aplicou na boca de Julieta sem qualquer constrangimento.

— Que espontaneidade! — comentou Madame Gabriel.

— Que falta de pudor! — comentou o Conselheiro Svendsen.

O Conselheiro era o principal figurão local, dono não só de uma bela fortuna, como de uma volumosa barriga. Ao assistir à cena do beijo, passou a suar em bicas, não por causa do calor reinante, mas sim pelo fato de estar fervendo por dentro. Em seu olhar não havia simpatia alguma pela atuação de Peer. Entre dentes, rosnou:

— Audácia desse fedelho taludo! Tão taludo que, se fosse partido ao meio, daria dois fedelhos normais!

A peça recebeu aplausos estentóreos de toda a platéia, exceto de um espectador — ou antes poder-se-ia dizer de um rancoroso inimigo. Peer sentiu-se feliz, imaginando ter retornado aos seus tempos de Sortudo. Esgotado pelo esforço despendido e pela bajulação recebida, voltou para casa e se recolheu ao seu pequeno cômodo. Quando passava um pouco da meia-noite, Madame Gabriel bateu na parede e lhe disse:

— Fiz ponche para você, Romeu! — e enfiou o funil pelo buraco da porta.

Ele pôs o copo sob o bico do funil, recebeu o ponche, tomou-o, desejou boa noite a Madame Gabriel e voltou para a cama. Mas Peer-Romeu não conseguiu dormir. Todas as suas falas, bem como as de Julieta, zumbiam em sua cabeça. Quando por fim adormeceu, sonhou que estava se casando, não com a filha do farmacêutico, mas sim... com a Srta. Frandsen!

Às vezes acontece de termos cada sonho esquisito!..

Capítulo VII

— Agora vamos tirar essa peça da cabeça — disse Mestre Gabriel na semana seguinte — e tirar o atraso que ela causou as Ciências.

Peer tinha estado perto de pensar como o jovem Madsen: que um rapaz normal estaria desperdiçando sua alegre juventude sentado num banco duro, com um livro aberto nas mãos. Mas quando olhou para o que estava ali escrito, logo seu ressentimento se desfez, e seu antigo modo de pensar retornou, trazendo à tona seus nobres e bons pensamentos.

O texto que então leu versava sobre a vida e os feitos dos grandes vultos da Humanidade, revelando que muitos deles tinham origem modesta. Temístocles, o herói, era filho de um oleiro; Shakespeare, de um pobre tecelão. Em seus tempos de rapaz, costumava ficar do lado de fora do teatro, tomando conta dos cavalos ali deixados pelos freqüentadores. Anos mais tarde, passaria para o lado de dentro, para trás do palco, sendo hoje considerado a maior figura literária de todos os tempos.

Na seqüência da leitura, Peer tomou conhecimento do célebre concurso de declamação realizado em Wartburg, durante o qual diversos poetas apresentaram seus poemas diante de uma platéia seleta, na expectativa de saber qual deles seria considerado o melhor. Foi uma disputa semelhante às que, na Antigüidade, eram realizadas na Grécia entre os poetas, durante as principais festas públicas.

Mestre Gabriel abordava esses assuntos com um prazer especial. Seus olhos rebrilhavam quando ensinava que Sófocles, já em idade provecta, tinha escrito uma de suas melhores tragédias, pela qual lhe foi outorgado o galardão de o melhor autor teatral de seu tempo. Foram tais o seu orgulho e a sua alegria, que seu coração não resistiu. Oh, que bênção morrer em meio à glória e ao reconhecimento! Quem poderia almejar felicidade maior que essa?

Pensamentos e sonhos enchiam a cabeça do jovem mas não havia alguém com quem os pudesse compartilhar. Não poderiam ser compreendidos por Primus ou por Madsen, e nem mesmo por Madame Gabriel, que ora estava de excelente humor, ora se transformava na mãe dolorosa que por qualquer ninharia se desfazia em lágrimas.

Suas duas filhas olhavam espantadas para ela. Nem elas, e muito menos Peer, poderiam adivinhar por que Madame estaria tão acabrunhada e pesarosa.

— Pobres meninas! — dizia ela durante esses momentos de depressão. — Uma mãe está sempre preocupada com o futuro das filhas. Os meninos podem cuidar de si próprios. Caesar está sempre caindo, mas sempre se levanta; os dois mais velhos espadanam água na bacia; parecem ter vocação para a Marinha, e com certeza vão se casar bem. Mas minhas filhinhas — oh, Deus do céu! — que será que o futuro lhes reserva? Em breve estarão na idade em que o coração fraqueja, e então, tenho certeza, seja por quem quer que se apaixonem, a pessoa não será do gosto de Mestre Gabriel, que irá escolher para elas alguém que elas detestam e que só lhes irá trazer infelicidade. Como mãe, tenho de me preocupar com essas coisas, e vêm daí minha tristeza e meu pesar. Se estou chorando, é por causa de vocês, crianças! Antevejo sua infelicidade! — e desatava em pranto.

Peer e as meninas ficavam olhando constrangidos para ela, sem saber o que dizer. Ele aí voltava para o quarto, ou se sentava ao piano — o velho piano da casa —, dando asas a sua criatividade e deixando que de seu coração brotassem improvisos belos e doridos.

De manhãzinha, seguia para o estudo com a mente descansada, e cumpria conscienciosamente seus deveres escolares, lembrando-se de que alguém estava custeando sua educação. Era um jovem responsável e correto. Em seu diário, registrava tudo o que tinha lido e estudado, e só à noite, depois de cumpridos todos os deveres, é que se sentava ao piano, tocando sempre em surdina, para não acordar Madame Gabriel. Jamais registrou em seu diário, a não ser nas linhas referentes aos domingos, dia de descanso, anotações do gênero *"amanheci pensando em Julieta"*, ou *"hoje fui visitar o farmacêutico"*, ou ainda *"escrevi para Mamãe e Vovó"*. Reunia em si o espírito de Romeu e a mentalidade de bom rapaz.

— Veja que moço esforçado, Madsen! — comentava Mestre Gabriel. — Siga o exemplo dele, ou irá dar com os burros n'água!

"Canalha!", pensava Madsen com seus botões.

Primus, filho do Deão, sofria de encefalite, e por isso sua mãe recomendava:

— Ele é doentinho e não deve ser tratado com severidade.

A casa do Deão ficava apenas a oito milhas de distância; ali havia abundância e conforto.

— Ele não vai permanecer como Deão por muito tempo. Não demora, e será ordenado bispo — dizia Madame Gabriel. — Ele tem bom relacionamento com a Corte, e sua esposa é uma dama de estirpe nobre. Sabe tudo sobre Heráldica — a ciência dos escudos e brasões.

Era o tempo de Pentecostes. Um ano tinha transcorrido desde que Peer tinha chegado à casa de Mestre Gabriel. Tinha adquirido muito conhecimento, mas sua voz não tinha voltado — será que voltaria um dia?

A família Gabriel fora convidada para um jantar na casa do Deão, ao qual se seguiria um baile. Muitos convidados vieram da cidade e das fazendas vizinhas. Também a família do farmacêutico tinha sido convidada. Assim, Romeu poderia encontrar Julieta, talvez mesmo até tirá-la para uma dança.

A casa do Deão era bem construída e conservada, com paredes caiadas, sem montes de estrume no quintal, e com um belo pombal todo verde, revestido por hera. A esposa do Deão era uma mulher alta e corpulenta. Mestre Gabriel costumava chamá-la de "*Atena Glaucopta*", isso é, "a deusa Minerva de olhos verde-azulados" (quando ouviu pela primeira vez esse apelido, Peer pensou: antes isso que "*de olhos esbugalhados*", conforme era chamada a deusa Juno). Notava-se nela um quê de gentileza distinta e um esforço de parecer doente — ela provavelmente deveria sofrer do mesmo mal de seu filho Primus. Naquela ocasião, ela estava trajando um vestido de seda azul-claro e usando os cabelos arranjados em cachos. Trazia sobre a gola direita um broche contendo o retrato de sua bisavó, que fora esposa de um general, e sobre a esquerda um cacho de uvas feito de porcelana branca.

O Deão tinha um rosto roliço e corado, com dentes brancos e brilhantes, bem adequados e acostumados a devorar filés malpassados. Durante a conversação, não parava de contar anedotas. Dirigia a palavra a todos, sem exceção, mas ninguém conseguia manter com ele uma longa conversa.

Entre os convidados, estavam o Conselheiro e o filho de um velho amigo do Deão, e que por coincidência era também um velho amigo de Peer: Félix, que já tinha sido crismado e que se transformara num rapaz elegante e distinto — "*um jovem milionário*", segundo se comentava à boca pequena. Madame Gabriel sequer teve coragem de dirigir-lhe a palavra.

Peer ficou extremamente alegre ao encontrar Félix, que se aproximou dele de maneira muito cordial, dizendo que lhe trazia lembranças dos parentes e que estava a par de tudo o que lhe tinha acontecido, pois lera todas as cartas que ele tinha enviado à Mãe e à Avó.

Houve um ensaio de baile antes do jantar, e a primeira pessoa com quem a filha do farmacêutico deveria dançar seria o Conselheiro, atendendo a um pedido de sua mãe. Já a segunda dança tinha sido prometida para Peer, mas Félix se adiantou, inclinou-se diante do par prestes a dançar e, com um sorriso afável, pediu:

— Permita-me, senhorita, a honra dessa dança? Tenho certeza de que meu amigo aqui não vai se importar de me ceder seu par.

Peer aquiesceu polidamente, sem nada dizer, embora triste por ter de ceder ao amigo a dançarina mais bela do salão. Félix dançou com a jovem não só dessa vez, como da seguinte também.

As próximas danças seriam realizadas depois da ceia. Com o semblante pálido, Peer aproximou-se da jovem e pediu:

— Será que você vai me conceder a próxima dança?

— Claro! — respondeu ela, com seu sorriso mais encantador.

Mas Félix, que estava por perto, intrometeu-se na conversa:

— Ei, Peer, você não vai tomar minha parceira, vai? Isso não seria gentil da parte de um velho amigo que disse ter ficado contente de me rever! O mínimo que você pode fazer, em nome de nossa velha amizade, é me ceder a jovem dama para a próxima dança.

E, enquanto dizia isso, abraçou Peer e, num gesto brincalhão, encostou a testa em seu ombro e fingiu implorar:

— Vai deixar, não vai?

— Não! — exclamou Peer, com os olhos fuzilando de raiva.

Mantendo o ar brincalhão, Félix pôs as mãos na cintura, imitando o gesto de uma rã prestes a dar um pulo.

— É isso aí, meu rapaz! Eu também diria o mesmo, se me pedissem para ceder a dama que me tinha concedido a honra de dançar! — e retrocedeu, inclinando a cabeça graciosamente para a jovem.

Pouco tempo depois, quando Peer estava num canto do salão ajeitando a gravata, Félix voltou, passou o braço em torno de seu pescoço e, lançando mão de todo o seu poder de persuasão, suplicou:

— Oh, Peer, seja condescendente! É assim que nossas mães e sua Avó acham que você é. Vou-me embora amanhã e ficarei tremendamente aborrecido se não puder mais dançar com aquela moça! Lembre-se: somos amigos! Aliás, você é o único amigo que tenho!

Era demais para o coração bondoso de Peer. Num misto de pena e arrependimento, fez questão de levar Félix até onde estava a moça, ainda mais levando-se em conta que era o único amigo que ele tinha,

Já era de madrugada quando os hóspedes deixaram a casa do Deão. A turma de Mestre Gabriel seguiu numa carruagem. Iam todos dormindo, exceto Peer e Madame.

Ela falou sobre o jovem convidado, o filho do negociante, que era amigo de verdade de Peer, pois ela o vira e ouvira no momento em que erguera um brinde e dissera:

— A sua saúde, meu amigo! E também à de sua Mãe e de sua Avó!

— Havia algo de tão espontâneo e galante naquele rapaz — disse ela, — que logo se via tratar-se de gente fina. Ele deve ser filho de algum ricaço, senão mesmo de um nobre! Sua postura provém do berço, não se consegue adquirir. Temos de tirar o chapéu para pessoas como ele.

Peer nada disse. Passou o resto do dia em profunda depressão. À noite, quando se recolheu ao quarto para se deitar, o sono não veio, e ele disse consigo mesmo: "Temos de tirar o chapéu, e ainda por cima agradecer!" — não fora o que ele tinha feito durante toda a noite anterior? Só fez o que o outro quisera. "Só porque alguém nasceu pobre, tem de se sujeitar aos caprichos dos ricos? A riqueza os torna melhores do que nós? Por acaso isso lhes confere os direitos que a nós são negados?"

Havia um sentimento de ódio crescendo dentro dele, algo que deixaria sua Avó aflita, se dele tomasse conhecimento. Seu pensamento voltou-se para ela. "Pobre Vovó! Conheceu de perto o que significa a pobreza! Por que será que Deus permite isso?" Seu coração se encheu de raiva, mas pouco depois ele tomou consciência de estar cometendo o pecado da ira, e de ter sido dominado por ele a ponto de sentir revolta contra o bom Deus. O medo de ter perdido a pureza de sua mentalidade infantil assaltou-o, mas logo em, seguida sua fé retornou, tão saudável e rica como antes, voltando a deixá-lo tranqüilo e feliz.

Uma semana depois, chegou uma carta da Avó. Ela escreveu do único modo que sabia, misturando letras maiúsculas e minúsculas, mas seu amor se mostrava tanto numas como noutras, já que o destinatário era Peer. A carta dizia:

Meu estimado e querido netinho: Estou pensando em você, e sua mãe também está. Ela agora se encontra no tanque lavando roupa, e está bem de saúde. Nosso vizinho Félix veio ver-nos ontem trazendo suas lembranças. Contou que se encontrou com você no baile do Deão, e que você o tratou com extrema gentileza, mas essa qualidade você sempre teve e sempre terá, coisa que me deixa muito feliz, bem como a sua esforçada mãe. Ela tem algo a lhe contar a respeito da Srta. Frandsen.

A carta prosseguia, mas agora com a letra da Mãe:

> Sabe a velha Srta. Frandsen? Pois é, ela vai se casar! Sabe com quem? Com aquele encadernador de livros, o Sr. Hof, que conseguiu ser nomeado para trabalhar na Biblioteca Real. Ele agora só assina "Hof, Encadernador Oficial da Corte". E nossa amiga vai se tornar, de agora em diante, a Sra. Hof. Como pode ver, filhinho, um verdadeiro amor nunca enferruja, por mais antigo que seja. Receba minhas saudosas lembranças.
> Em tempo: sua avó tricotou para você seis pares de meias de lã, que sempre foram as suas favoritas. Vai remetê-las na primeira oportunidade. Também estou mandando para você umas fatias de pernil assado, sua iguaria predileta. Sei que aí na casa de Mestre Gabriel não se serve carne de porco, porque a esposa dele morre de medo da tal de *triquinose*, palavra que tenho até dificuldade de pronunciar. Deixe de lado esses receios e trate de comer o pernil.
>
> *MAMÃE.*

A leitura dessa carta dissipou os restos da raiva que Peer ainda sentia. Félix era um moço tão bom! Que injustiça cometera contra ele! Ao se separar do velho companheiro, na casa do Deão, não lhe tinha sequer dirigido um até-logo!

"Ele é melhor do que eu", disse de si para si.

Capítulo VIII

Quando a vida é tranqüila, um dia se emenda com o seguinte, e os meses vão transcorrendo depressa. Peer estava já no segundo ano de sua estada na casa de Mestre Gabriel, que, movido por zelo e determinação — qualidades que Madame preferia chamar de "birra" — insistia em proibi-lo de voltar ao palco.

Ele recebeu do professor de canto (era ele quem mensalmente pagava seus estudos) uma severo lembrete de não pensar em palco enquanto estivesse vivendo ali. É claro que obedeceu, mas seus pensamentos freqüentemente o levavam a se lembrar do teatro da Capital, transportando-o, como por mágica, até o palco, onde ele imaginava que um dia iria aparecer como um grande cantor. E agora, que sua voz tinha ido embora e não mais retornara, que fazer? Essa lembrança deixava-o tomado por uma profunda aflição. E quem poderia confortá-lo? Não seria Mestre Gabriel, tampouco Madame, mas Nosso Senhor por certo o poderia. A consolação nos chega por vários caminhos. E como ele encontrou a sua no sono, vê-se que não tinha deixado de ser Peer, o Sortudo.

Certa noite, sonhou que era Domingo de Pentecostes e que ele tinha ido até uma belíssima floresta verdejante, onde o sol brilhava através dos galhos das árvores, e o chão era recoberto de anêmonas e prímulas. Ouvindo o cuco cantar pela primeira vez naquele ano, ele lhe perguntou: "Quantos anos ainda irei viver?" A ave respondeu "Cuco!", mas somente uma vez, e depois o silêncio voltou a reinar. "Será que só me resta um ano de vida?" perguntou-se Peer. "É muito pouco! Vamos lá, cuquinho, cante de novo!" E, de fato, o cuco recomeçou a cantar: "Cuco! Cuco! Cuco!", sem parar, enquanto Peer fazia dueto com ele, como se também pertencesse à raça dos cucos, mas com um vozeirão que dava gosto ouvir. A eles se juntaram todas as outras aves canoras da mata, e Peer repetiu o canto de cada uma, com a voz cada vez mais forte e bela. Sua capacidade vocal da infância tinha retornado, e isso enchia seu coração de felicidade. Ele então despertou, mas com a certeza de estar prestes a recuperar sua capacidade vocal, e de que em breve poderia cantar sem problemas. Veio-lhe a certeza de que, quando chegasse o próximo Domingo de Pentecostes, sua poderosa voz iria ressurgir em todo o seu frescor. Aliviado e feliz, virou-se para o canto e voltou a adormecer.

Mas em nenhum dos dias seguintes, durante semanas e meses, ele teve qualquer indício de que sua voz estaria retornando.

Toda migalha de notícia que ele vinha a saber sobre o teatro da Capital era uma verdadeira festa para ele, como se fosse um alimento para seu espírito. Muitas migalhas valem por um pão inteiro, e ele as devorava avidamente, sem que elas fossem capazes de saciar sua fome.

Perto da casa de Mestre Gabriel vivia a família de um negociante de panos de linho. A dona da casa, uma senhora muito respeitável, vivaz e risonha, mas que pouco ou nada entendia de teatro, tinha estado na Capital pela primeira vez, e ficou deliciada com tudo o que ali viu, até mesmo com as pessoas, que riam de tudo que ela dizia, conforme ela mesma revelou — e era verdade.

— A Sra. foi ao teatro? — perguntou Peer.

— Se fui! — respondeu ela. — Precisava ver como foi que suei em bicas! Também, naquele calor!

— A Sra. foi lá assistir a alguma peça? Qual?

— Vou lhe contar tintim por tintim o que foi que eu vi lá. Fui ao teatro duas vezes. Da primeira vez, vi uma peça falada. Chegava a Princesa e ficava falando *"Aba daba! Aba daba!"* — era só isso que ela sabia falar. Aí chegava um Príncipe e dizia para ela: *"Aba daba! Aba daba!"* Aí uma dona veio descendo lá de cima. Depois que ela foi embora, o Príncipe voltou e ficou falando *"Aba daba! Aba daba!"*, e olhe a dona descendo lá de cima outra vez! Ao todo, ela desceu cinco vezes! Já da outra vez que fui ao teatro, aí era dia de cantoria. O canto também era só *"Aba daba! Aba daba!"*, e, de repente, olha a dona descendo lá de cima! Lá no teatro, sentada do meu lado, tinha uma caipira que nem eu, só que essa nunca tinha ido lá, e achou que, quando a dona desceu, a peça já tinha terminado. Ela já se preparava para levantar e ir embora, quando eu disse para ela que não, que faltavam ainda quatro descidas da dona, porque ela descia era cinco vezes. Pelo menos, foi isso que ela tinha feito na minha outra ida ao teatro. Mas nesse dia da cantoria, a danada só desceu três vezes! Pois é, Peer, foram assim as duas peças que vi lá no teatro da Capital.

Peer ficou intrigado com a descrição. Afinal de contas, a que peças teria assistido a vizinha? Pelas descidas da tal "dona", imaginou que se tratasse de alguma tragédia cheia de desmaios e mortes, até que, num dado momento, atinou com a possível explicação, ao se lembrar que a cortina do teatro que descia ao final de cada ato tinha uma grande figura feminina — uma musa — pintada nela, ladeada pelas máscaras da Tragédia e da Comédia. A tão mencionada "dona" devia ser aquela musa; a peça falada e a ópera deviam ter sido representadas em língua estrangeira, incompreensível para uma pessoa de poucos estudos; mas o fato foi que ela tinha apreciado os dois espetáculos, e Peer mais ainda a sua curiosa descrição. Ao escutar o relato feito por Peer daquela conversa, Madame Gabriel também se divertiu, ainda mais porque, já que tinha "tomado conta" de Romeu e Julieta (não é esse — "tomar conta" — o papel de uma Ama?), aquilo lhe conferia uma enorme superioridade sobre a vizinha.

Desse dia em diante, a expressão "olha a dona descendo lá de cima" se tornou um dito familiar, utilizado toda vez que alguém ou alguma coisa, especialmente copos e xícaras, caía no chão.

— É assim que se originam os provérbios e os ditos familiares — comentou Mestre Gabriel, para quem tudo que acontecia constituía uma oportunidade de aprender e ensinar.

Na última noite do ano, quando soaram as doze badaladas, todos daquela casa ergueram suas taças de ponche para um brinde. Foi a única vez em que Mestre Gabriel tomou ponche naquele ano, e nem devia ter feito isso, já que tinha o estômago fraco. Todos contaram em voz alta as badaladas, disseram "Saúde!", emborcaram o conteúdo das taças e, mesmo não as tendo jogado no chão, gritaram em uníssono: "Olha a dona descendo lá de cima!"

O Ano Novo nasceu, transcorreu e envelheceu. Chegando o tempo de Pentecostes, Peer inteirou seu segundo ano naquela casa.

Capítulo IX

Dois anos já haviam transcorrido, e nada de recuperar a voz! Que futuro poderia ele esperar? Restar-lhe-ia sempre a possibilidade de lecionar numa escola, opinou Mestre Gabriel. O salário daria para viver, mas talvez não para se casar. Contudo, tal projeto não constava de sua lista de prioridades, por maior que fosse o lugar em seu coração ocupado pela filha do farmacêutico.

— Quê?! Professor?! — exclamou Madame Gabriel. — Tornar-se um mestre-escola?! Se o fizer, vai se transformar no sujeito mais aborrecido em toda a face da Terra, assim como o meu Gabriel! Nada disso, mocinho! Você nasceu foi para o teatro. Vai tornar-se ator, o maior do mundo! Isso é muito melhor do que ser professor!

Tornar-se ator! Sim, essa seria sua meta.

Numa carta ao professor de canto, mencionou esse seu desejo. Não via a hora em que iria regressar à cidade grande, onde viviam sua Mãe e sua Avó — fazia já dois anos que não as via! A distância que o separava delas era de apenas 120 milhas. Bastariam seis horas de trem para estar com elas. Por que não dera uma chegadinha até lá? É fácil explicar. Quando saíra de casa, Peer tinha prometido ficar no lugar para onde estava sendo mandado sem sequer pensar em visitar sua casa. Sua Mãe estava atarefada bastante com a trabalheira de lavar e passar roupa, mas de vez em quando lhe vinha a idéia de visitar o filho, só não o fazendo por causa do custo elevado das passagens de ida e volta. Além disso, a Avó morria de medo de viajar de trem, acreditando que o fato de usar aquele meio de transporte constituía um desacato ao Senhor. Nada poderia induzi-la a viajar num carro puxado por uma máquina movida a vapor. Ela era uma mulher idosa, e a única viagem que estava em seus planos seria a derradeira, a destinada a ir ao encontro de Nosso Senhor.

Isso disse ela em maio, mas em junho teve de voltar atrás e seguir em frente, cobrindo sozinha as 120 milhas até uma cidade estranha, entre pessoas estranhas, para se encontrar com Peer. Em princípio, tal viagem iria constituir um evento extraordinário, mas na realidade foi uma terrível jornada revestida de angústia, tanto para ela como para sua filha, a Mãe de Peer.

O cuco tinha cantado sem parar quando Peer lhe perguntara pela segunda vez quantos anos iria viver. Ele se sentia bem de corpo e de alma, e antevia para si um futuro brilhante. Poucos dias atrás, tinha recebido uma carta deliciosa de seu fraternal amigo professor de canto, dizendo-lhe que chegara a hora de regressar e de estabelecer o que teria de ser feito doravante, uma vez que ele até então não tinha recuperado sua antiga voz.

— Quer saber o que você deve fazer? Representar o Romeu! — disse Madame Gabriel. — Agora você já tem idade bastante para o papel, e já recobriu seus ossos com as carnes necessárias. Sabe de uma coisa? Você nem vai precisar maquiar-se!

— Seja Romeu! — disseram tanto o farmacêutico como sua filha.

Diante de sua mente e de seu coração desfilaram muitos planos e projetos, mas, como se costuma dizer, "ninguém sabe o que o futuro nos reserva".

Ele sentou-se no jardim e ali ficou meditando, enquanto contemplava a campina que se estendia além da cerca. Era noite de luar. Seu rosto ardia, seu sangue fervia; a brisa que soprou lhe proporcionou uma agradável sensação de frescor. Sobre a charneca pairava uma neblina que ora se erguia e ora descia, trazendo-lhe ao pensamento a idéia de elfos a dançar. Lembrou-se então da velha balada sobre Olaf, o Cavaleiro, que saíra do burgo levando convites para seu casamento, quando foi detido pelas filhas dos elfos, tendo de seguir com elas até uma clareira, onde elas o rodearam e se puseram a dançar. Esquecendo-se do que pretendia fazer, Olaf também entrou na dança, bailando sem descanso até que morreu. Era um conto folclórico, um velho poema. Sob o clarão do luar, a neblina oscilante que pairava sobre a charneca formava figuras que lembravam aquela noite fatídica.

Peer logo entrou num estado de semi-sonolência enquanto visualizava essas cenas fantásticas. Os arbustos pareciam assumir formas de seres humanos e de monstros, mantendo-se imóveis enquanto a névoa oscilava como um enorme véu, ao sopro suave da brisa. Peer tinha visto algo parecido no teatro, durante um espetáculo de balé, quando entraram em cena as jovens que representavam as filhas dos elfos, usando ondulantes mantos de gaze e fitas coloridas, mas o que então via era ainda mais cheio de encanto e beleza. Um palco enorme como aquele não poderia caber num teatro, nem havia cenário e iluminação capazes de representar uma atmosfera tão límpida e um luar tão brilhante.

Além da neblina podia-se divisar uma forma feminina, que logo se transformou em três, e essas três em muitas. De mãos dadas, elas dançavam, ao mesmo tempo em que flutuavam no ar. A brisa trouxe-as até a cerca, bem perto de onde Peer se encontrava. Elas o saudaram com um gracioso meneio de cabeça, enquanto conversavam entre si, e suas vozes soavam como sinos de prata a tanger. Elas entraram dançando no jardim, e logo o encerraram dentro de uma roda. Sem se dar conta, ele se pôs a dançar, não como elas, mas de maneira frenética, girando e girando sem parar, como o fizera quando representara um pequeno vampiro, embora sem se dar conta disso. Na realidade, pensamento algum lhe vinha à mente pois ele estava completamente esmagado por toda a beleza e magnificência que via a seu redor.

A charneca transformou-se num mar profundo e azul-escuro, sobre o qual flutuavam nenúfares brilhantes, de todas as cores que se possam conceber. Dançando sobre as ondas, deixou que elas o levassem para a margem oposta, onde a colina que recobria um antigo túmulo viquingue se havia rompido, erguendo-se de dentro dela uma construção que tinha o mesmo formato de um castelo de nuvens, mas toda feita de mármore. Trepadeiras de troncos dourados e flores de pedras preciosas se enroscavam naqueles alvos e maciços blocos de pedra. Seus frutos eram pássaros de belíssimas cores brilhantes, e que cantavam com voz humana. Era como um coral formado por milhares e milhares de crianças felizes. Aquilo seria o céu, ou não passaria de uma daquelas elevações que o povo chama de "colina dos elfos"?

As muralhas do castelo começaram a se expandir e deslizar para os lados e para trás, até que o encerraram numa prisão, isolando-o, do mundo dos homens. Sentiu então uma espécie de angústia, um estranho medo, uma sensação que jamais experimentara antes. Não havia saída à vista, mas do chão até o teto, em todas as paredes, viam-se figuras pintadas, mas que sorriam para ele com ar amável, como se fossem criaturas reais. Ele bem que gostaria de conversar com elas, mas sua língua estava travada, deixando-o completamente mudo e se sentindo o mais miserável dos seres humanos.

Aproximou-se dele uma das filhas dos elfos, certamente uma das mais boazinhas, pois assumiu o aspecto de quem ele mais desejava ver: a filha do farmacêutico. Ele quase chegou a acreditar que fosse de fato sua amada, quando reparou que ela só tinha a parte da frente, mas que suas costas eram ocas.

— Uma hora aqui corresponde a cem anos lá fora — disse ela. — Sua estada entre nós já completou uma hora. Todos que você conhece e ama além destas muralhas já morreram. Fique conosco! Aliás, é melhor ficar, pois, caso não o queira, essas paredes irão mover-se e espremê-lo até que o sangue lhe esguiche pelos olhos!

As paredes trepidaram e o ar ficou espesso como o de um forno de padaria. Notando que já tinha recuperado sua capacidade de falar, ele implorou:

— Senhor, Senhor, por que me abandonastes? — gritou do fundo de sua alma.

Então a Avó se postou ao lado dele, tomou-o nos braços e lhe beijou a testa e os lábios.

— Meu queridinho! — disse. — Nosso Senhor não se esqueceu de você. Ele não se esquece de quem quer que seja, mesmo que se trate do maior dos pecadores. Seja Ele louvado e bendito por toda a eternidade!

E ela tirou da bolsa seu livro de salmos, o mesmo que tantas vezes tinha lido junto com Peer, e começou a cantar. Como sua voz soava alto! E como era afinada! Escutando-a a cantar, as filhas dos elfos reclinaram a cabeça e adormeceram. Peer fez dueto com ela, como costumava fazer aos domingos, e cantou com voz forte e poderosa, embora suave. Os muros do castelo foram-se desfazendo e se transformando em nuvens e névoa. A Avó tomou-lhe a mão e o trouxe para o sopé da colina, num trecho de relva alta, onde pirilampos cintilavam e o luar brilhava. Mas seus pés estavam agora tão cansados que ele não conseguia movê-los. Deixou-se cair e afundar na relva, macia como um bom colchão, e ali descansou feliz, despertando quando escutou o som de uma voz entoando um salmo.

A Avó estava sentada a seu lado, em sua cama, no quarto que ele ocupava na casa de Mestre Gabriel. A febre tinha cedido, a saúde e a vida tinham retornado. Ele tinha estado mortalmente doente. Na véspera, tinham-no encontrado desmaiado no jardim, ardendo em febre. Chamado às pressas, o médico achou que ele não iria sobreviver. Em vista disso, Mestre Gabriel tinha passado um telegrama urgente para sua Mãe, que naquele momento não tinha condição de ir até lá. A única solução seria pedir à Avó que fosse ver o neto, ainda que a viagem tivesse de ser feita de trem.

— Só mesmo por causa de Peer eu faria tal coisa! — disse ela mais tarde. — Enquanto viajava, invoquei durante todo o tempo o santo nome de Deus, pedindo perdão por estar cometendo o pecado de viajar num carro puxado por aquela máquina infernal. Mas por esse meu neto, eu seria até capaz de voar num cabo de vassoura no Dia das Bruxas!

Capitulo X

A volta para casa foi feita com alegria e coração leve. A Avó agradecia profundamente a Deus pela graça concedida de deixar que Peer vivesse mais do que ela. Viajaram junto com ela o farmacêutico e sua filha, que se mostraram dois agradáveis companheiros de viagem. Os dois falaram sobre Peer, dizendo que o amavam como se ele fosse membro da família. "Peer, com certeza, vai tornar-se um grande ator", garantira o farmacêutico. "Além disso, agora que ele recuperou sua voz, poderá tirar proveito dela. Uma voz como a dele representa uma verdadeira fortuna para quem a tem!"

Que prazer foi para a velha Avó ouvir tais palavras! Elas vieram ao encontro de seus sonhos, e a velha senhora nelas acreditou piamente. Entretidos nessa conversa, nem viram o tempo passar, e desse modo chegaram à estação da Capital, onde a Mãe a esperava.

— O trem de ferro é uma dádiva de Deus! — exclamou a Avó. — Seja Ele louvado por me ter feito esquecer de que eu estava dentro de um! Devo isso a estas pessoas maravilhosas que vieram comigo! — e apresentou à filha seus dois companheiros de viagem, apertando-lhes a mão e complementando: — Sim, a ferrovia é uma descoberta abençoada, especialmente quando a viagem termina! Enquanto ela dura, estamos nas mãos de Deus...

Depois falou de seu querido netinho, agora fora de perigo, explicando que ele morava com uma família muito boa, que o considerava como um filho, dispensando-lhe o mesmo tratamento recebido por outros dois meninos de famílias distintas — um deles era filho de um Deão! Contou ainda que, no princípio, tinha ficado hospedada na estalagem do correio, que era muito cara, mas que, depois, tinha sido convidada por Madame Gabriel para ficar em sua casa, tendo ali permanecido durante cinco dias. Todos que ali viviam eram pessoas simplesmente maravilhosas, particularmente a dona da casa, que lhe tinha servido um ponche delicioso, se bem que um tanto forte.

Com a ajuda de Deus, Peer logo estaria forte o bastante para vir para casa dentro de um mês.

— Ele agora deve ter-se tornado um rapaz elegante e cheio de nove horas — disse a Mãe. — Não vai mais sentir-se à vontade aqui no sótão. Estou muito feliz de que o professor de canto o tenha convidado para ir morar com ele. Ai de mim — lamentou-se, — como é triste ser tão pobre que meu filho não queira mais viver comigo na casa onde sempre moramos!

— Não diga essas coisas para o Peer! — repreendeu a Avó. — Você não o compreende como eu.

— Mas ele sempre terá o que comer e beber, não importa quão refinado se tenha tornado, e não há de sentir fome enquanto eu puder trabalhar com estas mãos. Madame Hof, que agora está bem de vida disse que ele pode almoçar com ela duas vezes por semana. Ela conheceu os dois lados da vida: o das vacas magras e o das gordas. Ela própria me contou que, certa noite, no camarote do teatro reservado para as bailarinas aposentadas, ela se sentiu mal. Durante todo aquele dia, tudo o que comera foi um pãozinho doce. Estava morta de fome e sentindo muita fraqueza. "Tragam água!", gritou alguém, ao que ela contestou: "Não! Tragam comida!" Sua necessidade era de algo substancial e nutritivo, e não de água. Agora ela tinha sua própria despensa e uma mesa farta.

Peer ainda estava a 120 milhas de distância, mas feliz com a certeza de que poderia logo voltar para a cidade, para o teatro e para o convívio dos velhos companheiros, cuja amizade ele agora saberia como avaliar. A felicidade cantava e ressoava dentro dele e a seu redor. Havia luz do sol por toda parte, nesse tempo feliz de sua juventude, tempo de esperança e expectativa. A cada dia se reforçava sua autoconfiança e retornavam suas cores. O contrário parecia acontecer com Madame Gabriel, cuja tristeza se tornava maior a olhos vistos e a cada novo dia, à medida que se aproximava a hora da partida de Peer.

— Você está caminhando para ser grande, e durante esse percurso haverá de se deparar com muitas tentações, ainda mais sendo um rapaz bonito. Aliás, foi aqui em nossa casa que você acabou de adquirir essa boa aparência. Você age com naturalidade, assim como eu, e isso irá ajudá-lo quando tiver de enfrentar as tentações. A pessoa não deve ser nem suscetível, nem rebelde demais. Veja como sofria a rainha Dagmar, só porque, aos domingos, usava luvas de seda! Por considerar que isso seria uma imperdoável trivialidade, sua consciência lhe fazia padecer dores terríveis! Ora, é preciso bem mais do que isso para deixar alguém perturbado. E a pobre Lucrécia? Eu nunca me teria afligido como ela, que acabou se apunhalando. E por que fez isso? Ela era pura e honesta, conforme toda a cidade sabia! Que podia ela fazer acerca daquela ignomínia que prefiro não lembrar, mas da qual, embora jovem, você tem pleno conhecimento? Num gesto desesperado, e após um grito lancinante, ela cravou a adaga no próprio peito! Não tinha a menor necessidade de agir daquele modo! Eu jamais teria feito aquilo, e sei que você também não, pois ambos somos pessoas que agem com naturalidade. Sim, temos de ser naturais o tempo todo, mesmo quando se segue a carreira artística. Oh, que alegria sentirei quando ler a seu respeito nos jornais! Talvez algum dia você retorne a nossa cidadezinha e venha aqui representar o Romeu, mas então eu já não serei a Ama, e sim uma espectadora, que estará na platéia vendo e aplaudindo!

Madame teve muita roupa para lavar e passar durante a semana de sua despedida, mas foi assim que Peer pôde voltar para casa com um guarda-roupa impecável, igual ao que trouxera quando ali tinha chegado. Ela trocou a fita da qual pendia o coraçãozinho de âmbar, na secreta esperança de recebê-lo de presente como um *souvenir*, mas Peer não quis desfazer-se de seu antigo achado.

De Mestre Gabriel recebeu um dicionário de língua francesa, o mesmo que ele tinha usado durante suas lições, cheio de anotações à margem feitas pelo próprio professor. Madame Gabriel presenteou-o com um arranjo de rosas e folhas de choupo, avisando-lhe que as rosas iriam murchar, mas que as folhas iriam manter-se verdes durante o inverno, desde que não fossem regadas, pois apreciam lugares secos. Deu-lhe ainda um cartão, no qual transcreveu uma frase de Goethe: *"Umgang mit Frauen ist das Element guter Sitten"*, que se pode traduzir por *"A base das boas maneiras é a companhia feminina"*.

— Esse Goethe era um grande sujeito — comentou ela. — Pena que escreveu aquele livro que não entendi, o *Fausto*. Acho que, quanto a isso, o Gabriel também concorda comigo...

O jovem Madsen deu-lhe de presente um desenho não de todo ruim, mostrando Mestre Gabriel pendente de uma forca, com uma vara de marmelo na mão e a inscrição: *"Foi esse aí que guiou o grande ator no caminho da Ciência"*. Por sua vez, Primus, o filho do Deão, presenteou-o com um par de chinelos tão grandes (fora o próprio Deão quem os tinha feito) que o garoto ainda levaria um ou dois anos para que seus pés os enchessem. Na sola de um dos chinelos, ele tinha escrito a tinta: *"Para que você se lembre de seu amigo sofredor"*.

Todo o pessoal da casa de Mestre Gabriel acompanhou Peer até a estação.

— Está vendo? Não se pode dizer que você nos deixou sem uma despedida em regra! — brincou Madame, acrescentando, depois de lhe dar um beijo: — E nem que eu seja acanhada! O que não é feito escondido, vergonha não pode causar!

Soou o apito. Madsen e Primus gritaram "Hurra!" em coro. Ao segundo grito, tiveram o reforço das vozes do "recheio". Madame enxugou os olhos e aproveitou o lenço para acenar. Quanto a Mestre Gabriel, preferiu despedir-se laconicamente em latim, dizendo apenas *"Vale!"*.

Sucediam-se as paradas e as povoações. Acaso os que ali residiam poderiam ser mais felizes do que ele? Pensando nisso, deu graças a Deus por sua boa sorte e se lembrou da invisível maçã de ouro que a Avó tinha enxergado em sua mão quando ainda era bebê. Lembrou-se também das preciosidades que tinha achado na sarjeta, do retorno de sua voz e de quanta coisa havia aprendido. Tinha-se tornado efetivamente uma outra pessoa. Cantava por dentro com felicidade, e teve de se controlar muito para não soltar a voz ali dentro do vagão.

Primeiro, surgiram as torres da cidade; depois, os edifícios começaram a se mostrar. O trem chegou à estação. Ali estavam Mamãe e

Vovó e mais alguém: Madame Hof, antigamente conhecida como Srta. Frandsen, e agora excelentíssima esposa do Sr. Encadernador Oficial da Corte. Apesar da boa vida de que passara a desfrutar, ela não se tinha esquecido dos velhos amigos. As três senhoras beijaram-no com afeto.

— O Hof não pôde vir comigo — explicou ela. — Tinha um trabalho a fazer: encadernar uma coleção completa de livros pertencentes à biblioteca particular de Sua Majestade. Você sempre teve sorte, Peer, e eu só agora encontrei a minha. Tenho meu Hof, meu cantinho junto à lareira e minha cadeira de balanço. Venha almoçar conosco duas vezes por semana, e verá que a história de minha vida poderia bem servir de tema para um balé!

A Mãe e a Avó pouca oportunidade tiveram de falar, limitando-se a ficar olhando para o rapaz com os olhos brilhantes de alegria. Ele agora teria de pegar um tílburi para seguir até a casa do professor de canto, que doravante seria seu novo lar. No auge do contentamento, os quatro riam e choravam ao mesmo tempo.

— Ele se tornou um rapaz maravilhoso! — exclamou a Avó.

— E ainda tem a mesma aparência gentil que tinha quando saiu daqui — disse a Mãe, — e que certamente irá conservar no teatro.

O tílburi parou diante da casa do professor de canto, que naquele momento se encontrava ausente. Seu velho empregado abriu a porta e acompanhou Peer escada acima até seu quarto, em cujas paredes se viam retratos de compositores. Sobre a bancada da lareira, um busto branco de gesso parecia reluzir. O velho, um pouco lerdo, mas de confiança, mostrou-lhe a cômoda e o guarda-roupa, dizendo-lhe para ali guardar suas roupas, e se oferecendo em seguida para engraxar-lhe as botinas. Nesse instante chegou o dono da casa e saudou Peer com um caloroso aperto de mão.

— Este é o seu quarto. Sinta-se em casa. O piano da sala está a sua disposição. Amanhã quero escutar sua voz e verificar como é que ela ficou. Este aqui é o nosso guardião, o nosso eficiente mordomo — e indicou o velho empregado. — Como pode ver, tudo está em seu lugar. Eis ali Weber, o criador da ópera alemã, a nos contemplar de seu posto de vigilância, de cima da bancada da lareira. Mandei limpá-lo em sua homenagem, pois ele estava um tanto sujo. Mas... — ei! — aquele busto não é de Weber! É de Mozart! Onde é que o Weber foi parar?

99

— Ué, senhor — respondeu o empregado, — agi de acordo com suas ordens: levei o busto ao estucador e fui buscá-lo hoje de manhã.

— Sim, mas você levou o busto de Weber e trouxe de volta o de Mozart!

— O senhor não o está reconhecendo porque ele agora está limpo... Pode ir conferir com o estucador.

Mais tarde o professor de canto tirou a limpo sua dúvida, pois o estucador confessou que, ao segurar a peça, esta tinha caído e quebrado, e para substituí-la ele tinha apanhado um busto de Mozart e o entregado ao velho, que nem deu pela troca.

— Para ficar em cima da lareira, tanto faz Weber como Mozart...

Nesse primeiro dia, Peer não devia cantar ou tocar, mas quando ele entrou na sala e viu sobre o piano a partitura da ópera *Joseph*, não resistiu e cantarolou a ária "*A décima quarta primavera*", com a voz clara como um sino. Havia nela tamanha sinceridade e inocência, mas também tamanha força e intensidade, que os olhos do professor se encheram de lágrimas.

— É assim que você sempre deve cantar! — exclamou. — Se não for assim, que seja melhor! Mas agora vamos fechar o piano, pois você precisa descansar.

— Mas prometi a minha Mãe e minha Avó que iria visitá-las esta noite...

E, sem perder tempo, aprontou-se e seguiu para sua antiga casa. Ao chegar, contemplou-a com alegria e emoção. Brilhava então o sol poente, fazendo cintilar os cacos de vidro do muro, como se ali houvesse um castelo de diamantes. A Mãe e a Avó esperavam por ele no sótão. Peer subiu a escada apressadamente, três degraus de cada vez, até chegar à porta, entrar e ser recebido com abraços e beijos.

O pequeno cômodo estava limpo e arrumado. Numa passada de olhos, reviu seu velho "urso" — o fogão — e a cômoda, cujas gavetas guardavam os tesouros preciosos que ele tantas vezes explorara montado em seu cavalinho de pau. Das paredes pendiam os três quadros familiares: o retrato de Sua Majestade, a efígie de Nosso Senhor e a silhueta de seu velho Pai, recortada em papel preto. Era um excelente trabalho que reproduzia fielmente sua figura de perfil, segundo dizia a Mãe, mas seria ainda mais parecido com ele se o papel fosse branco e vermelho, suas cores reais.

— Seu pai era um belo homem! E você é a cara dele!

Havia muito que dizer e contar. Iam servir-lhe uma geléia de carne de porco, e Madame Hof tinha prometido visitá-los mais tarde.

— Com a idade que têm os dois, que idéia foi essa de se casarem o Sr. Hof e a Srta. Frandsen? — perguntou Peer.

— Os dois acalentaram essa idéia por anos a fio — disse a Mãe. — Como você sabe, ele já foi casado, e o fez, segundo dizem, para irritar a Srta. Frandsen, que o olhava sempre de cima quando era famosa e estava no auge. Ele se casou com uma mulher velha e rica, e que, ainda por cima, usava muletas, mas que mesmo assim era muito animada. No fundo, ele bem gostaria de que a mulher morresse, mas ela não dava sinais de que pretendia partir tão cedo para o além... Eu não me surpreenderia se, como o sujeito da anedota, ele saísse à rua com a mulher só para que Nosso Senhor visse seu estado, e não demorasse a mandar buscá-la...

— Enquanto isso, a Srta. Frandsen estava esperando sentada — completou a Avó. — De minha parte, nunca acreditei que ela pudesse um dia vir a se casar. Mas, no ano passado, a mulher do Hof morreu inesperadamente, e Frandsen não perdeu tempo em substituí-la.

Foi nesse momento que Madame Hof chegou.

— Estávamos justamente falando de você — comentou a Avó, — lembrando da paciência que teve e da recompensa que tardou, mas que um dia chegou...

— Sim — concordou Madame Hof. — Não tive essa recompensa quando moça, mas quem tem saúde sempre é jovem, como diz meu velho. Ele tem uns lampejos de sabedoria que são um encanto! Como costuma dizer, nós somos dois volumes da mesma obra, dois tomos antigos, valiosos e de lombada pintada a ouro. Ah, como sou feliz por ter meu Hof e meu cantinho junto à lareira! E que dizer de meu aquecedor de porcelana? Basta acendê-lo quando anoitece, e ele se mantém quente durante todo o dia seguinte. É uma bênção! Lembra até a felicidade que reinava na ilha de Circe! A propósito, vocês se lembram de quando representei a Circe naquele balé?

— Se me lembro! — confirmou a Avó. — Você estava encantadora! Quem diria que você é aquela pessoa!

Essas palavras nada tinham de sarcásticas ou indelicadas, não causando qualquer sentimento de mágoa ou rancor em Madame Hof. Logo em seguida serviu-se a geléia de carne de porco e o chá.

Na manhã seguinte Peer fez uma visita à casa do negociante. Foi recebido pela dona da casa, que lhe apertou a mão e mandou que ele se sentasse a seu lado e lhe falasse de seus planos. Durante a conversa, ele fez questão de lhe expressar sua gratidão, pois não ignorava que seu benfeitor secreto tinha sido o negociante, coisa que também ela desconhecia.

— Mas meu marido é assim mesmo, não gosta de ficar alardeando o que faz.

Entrando na sala nesse instante, o negociante escutou as palavras de Peer, indagando dele com estranheza:

— Acha que fui eu seu benfeitor secreto? Pois está redondamente enganado!

Sem saber o que dizer, Peer mudou de assunto e perguntou por Félix, vindo a saber que ele estava estudando e que pretendia seguir a carreira diplomática.

— Meu marido acha que isso é um insensatez — disse a senhora.
— Quanto a mim, não tenho opinião formada. Deixo tudo nas mãos da Providência Divina.

Naquele instante, Félix estava tomando lições de esgrima, razão pela qual não pôde se encontrar com o velho companheiro.

Ao voltar para casa, Peer contou ao professor de canto o que tinha acontecido na casa do negociante.

— De onde lhe veio a certeza de que era ele o seu benfeitor?
— Das palavras de minha Mãe e minha Avó, que sempre me disseram isso.

— É... elas devem saber de coisas que você desconhece... Talvez seja ele mesmo quem custeou seus estudos...

— O Sr. sabe algo a esse respeito?
— Sim, eu sei, mas não vou contar... E de hoje em diante, teremos aqui, toda manhã, uma hora de lição de canto.

Capítulo XI

Uma vez por semana acontecia naquela casa o recital de um quarteto de cordas. Ouvidos, alma e pensamento se enchiam com os grandiosos poemas musicais de Beethoven e Mozart. Fazia algum tempo que Peer não tinha a oportunidade de escutar música de qualidade e bem executada. Era como se uma língua de fogo passasse roçando por sua espinha dorsal e por todos os seus nervos. Seus olhos se enchiam de lágrimas. Cada um desses saraus musicais era uma verdadeira festa para ele, causando-lhe uma impressão mais profunda que qualquer ópera no teatro, onde sempre se notava alguma imperfeição ou ocorria algo que desviava a atenção e perturbava os assistentes. Às vezes as palavras cantadas não eram pronunciadas corretamente; outras vezes eram abafadas pelos instrumentos, tornando-se tão ininteligíveis quanto o seriam se o texto fosse em chinês ou em groenlandês, e também acontecia de se perder o efeito imaginado pelo autor, devido à falta de expressão dramática do ator, que ora soltava um vozeirão em momentos que pediam a delicadeza de uma caixinha de música; isso sem falar nos momentos em que esse ou aquele cantor simplesmente desafinava. Cenários mal feitos, trajes mal escolhidos, tudo isso podia prejudicar o espetáculo. Nenhuma dessas falhas tinha a ver com os recitais do quarteto de cordas. Os poemas musicais alcançavam o máximo de grandiosidade naquela sala cujas paredes eram revestidas por suntuosas cortinas; era nesse ambiente ideal que a Música composta pelos grandes mestres podia ser escutada em todo o seu esplendor e plenitude.

Certa noite, os dois seguiram até o enorme auditório público, onde uma grande orquestra executou a *Sinfonia pastoral* de Beethoven. Nosso jovem amigo sentiu uma espécie de arrebatamento durante a execução do movimento *andante,* o da cena à margem do riacho. Naquele momento ele se sentiu transportado para dentro de um bosque vivo e fresco. A cotovia e o rouxinol cantavam em dueto, enquanto o cuco fazia um alegre contraponto. Como era bela a Natureza! Oh, que fonte refrescante! Foi durante esse instante de embevecimento que ele entendeu em que consistia a música denominada pitoresca, na qual se refletia a Natureza, comovendo os corações e causando um profundo impacto nas almas das pessoas. Desse dia em diante, Beethoven e Haydn se tornaram seus compositores favoritos.

Eram esses os temas principais de suas conversas com o professor de canto. À medida que trocavam idéias, os dois se iam tornando amigos íntimos. Como aquele homem era rico de conhecimentos! Sua cultura era tão inexaurível quanto a do lendário gigante Mimir, que conhecia o passado e o futuro. Peer escutava-o tão avidamente como o fazia na infância, ao ouvir os contos de fada que a Avó lhe contava. As histórias que agora o encantavam eram as do mundo da Música, as que tratavam dos sons que provinham da floresta e do mar, dos que mais se identificariam com os antigos túmulos viquingues, das melodias baseadas nos cantos das aves, e das fragrâncias florais que a música bucólica nos faz imaginar que estejam perpassando por nossas narinas.

A hora matinal dedicada a sua lição de canto era um instante de verdadeiro deleite, tanto para o professor como para o aluno. Cada exercício era cantado com frescor, expressão e simplicidade. Era maravilhosa sua interpretação da série de *Cantigas de viagem* de Schubert. Tanto a música quanto a letra eram ouvidas em sua plenitude: elas se mesclavam, se realçavam e se iluminavam umas às outras, como as teria imaginado o compositor. Peer era inegavelmente um cantor dramático. Sua capacidade progredia a olhos vistos, a cada mês, a cada semana, a cada dia.

Nosso jovem amigo tinha desfrutado até então de uma vida saudável e feliz, sem enfrentar privação ou sofrimento; uma vida aprazível e rica de experiências, que lhe prenunciava um futuro brilhante. Sua confiança na Humanidade nunca trouxera decepções a sua alma de criança, nem desalento a sua resistência de homem adulto. Em toda parte era acolhido com satisfação e gentileza. Seu relacionamento com o professor de canto ia-se tornando, a cada novo dia, mais profundo e mutuamente confiante. Os dois sentiam-se como se fossem irmãos. Como o caçula da dupla, ele demonstrava o fervor e entusiasmo de um jovem coração que recebia do mais velho toda a consideração, e que, de sua parte, retribuía com a mesma intensidade.

A personalidade do professor era caracterizada por um ardor meridional. Via-se de imediato que aquele homem podia odiar profundamente e amar apaixonadamente, e, por sorte, este último sentimento predominava em seu coração. Ademais, usufruía de boa situação financeira, devido à fortuna herdada do pai, o que lhe permitia trabalhar apenas naquilo que fosse de seu interesse e que lhe proporcionasse prazer. Prestava generosa ajuda a diversas pessoas e instituições, mas sempre secretamente, não permitindo que os beneficiados viessem agradecer-lhe, ou mesmo tocar naquele assunto.

— Se algo fiz — costumava dizer — foi porque podia fazer e achava que esse era meu dever.

Seu velho empregado, "nosso guardião", como costumava chamá-lo por pilhéria, usava de um laconismo proposital quando respondia a indagações acerca do patrão:

— Ah, eu não sei sequer a metade do tanto que ele já fez e de quantos ele tem ajudado durante todos estes anos! O Rei devia conceder-lhe uma medalha por tudo de bom que esse homem já fez, mas duvido que ele a usasse, e sei que ficaria furioso se eu lhe dissesse que o considerava digno desse reconhecimento. Ele é caridoso, mais do que qualquer um de nós, independente da fé que professa. Até parece um daqueles beneméritos saídos da Bíblia.

O velho servidor dizia essas coisas de maneira enfática, a fim de que o interlocutor não duvidasse de uma única de suas palavras.

Peer sentia e compreendia bem que o professor de canto procedia como um lídimo cristão, tanto em palavras como em ações e atitudes, e no entanto não freqüentava a igreja. De certa feita, num dia em que ele mencionou seu propósito de, no domingo seguinte, acompanhar a Mãe e a Avó à "Mesa do Senhor", perguntando-lhe em seguida se o professor costumava fazer o mesmo, a resposta foi um lacônico "Não". Peer teve a impressão de que ele gostaria de dizer algo mais, de lhe fazer alguma confidência, mas o fato foi que ele nada mais disse.

Certa noite, lendo o jornal em voz alta, o professor deparou com uma notícia sobre uma generosa doação feita por uma dupla de homens de negócios a uma instituição beneficente. Depois de lê-la, comentou.

— Quando a gente não se preocupa em receber reconhecimento ou recompensa por nossos atos, acaba recebendo os dois. Como diz o Talmude, a recompensa pelos bons feitos é como a tâmara, que é tanto mais doce quanto maior foi o tempo que levou para amadurecer.

— Talmude? — estranhou Peer. — Que é isso?

— Trata-se de um livro — explicou ele — do qual mais de uma semente de pensamento foi implantada no Cristianismo.

— E quem escreveu esse livro?

— Homens sábios dos tempos antigos, de várias nações e religiões. Nele, a Sabedoria está preservada em poucas palavras, como nos Provérbios de Salomão. Seus pensamentos são como grãos de verdade! Nele se demonstra que os homens que vivem e viveram em toda parte e em todos os séculos sempre foram, são e serão os mesmos. — *"Teu amigo tem um amigo, e o amigo de teu amigo tem um amigo; por isso, cuidado com tudo o que disseres"* — eis um exemplo do que se pode encontrar ali. É um manancial de sabedoria para todos os tempos. *"Ninguém pode saltar a própria sombra"* também está lá. *"Use um bom calçado sempre que caminhar sobre espinhos"*. Você devia ler esse livro. Encontrará nele exemplos belamente preservados da cultura humana, sem precisar de procurá-los nas camadas subterrâneas da terra. E, para mim, que sou judeu, é, além do mais, uma herança que me foi deixada por meus pais.

— Quer dizer que o Sr. é judeu?

— Você não sabia disso? É estranho que nunca tenhamos tocado nesse assunto!

A Mãe e a Avó também desconheciam essa particularidade, mas sempre souberam que o professor de canto era uma pessoa honrada e distinta. Foi guiado pela mão de Deus que Peer tinha topado com ele em seu caminho, e, depois de Nosso Senhor, era ele o principal responsável por tudo de bom que estava acontecendo em sua vida.

Aproveitando a oportunidade, a Mãe revelou a Peer um segredo que o negociante guardara durante anos, e que somente há poucos dias contara para a esposa, e esta para ela: fora o professor de canto quem tinha patrocinado sua educação na casa de Mestre Gabriel. Ele havia tomado essa decisão na casa do negociante, no dia em que escutara o jovem interpretando todas as músicas do balé *Sansão*. Porém, cuidasse cada um que agora estava a par desse fato de não deixar que o professor de canto soubesse que seu segredo tinha sido revelado, pois isso iria deixá-lo bastante aborrecido.

Capítulo XII

Madame Hof estava esperando Peer em sua casa, e ele ali chegou.

— Agora você vai encontrar meu marido — disse ela — e conhecer meu cantinho junto à lareira, com o qual eu nem sonhava no tempo em que dancei a *Circe* e *O elfo provençal*. De fato, hoje em dia não há muitos que se lembrem dessas apresentações e da jovem bailarina Frandsen. Como o Hof costuma dizer sempre que toco nesses assuntos de meu passado glorioso, "*Sic transit gloria,* tanto aqui na Terra como na Lua". Se a pessoa só disser que a glória passa, fica banal, mas dito em latim ganha uma força especial. Ele não diz isso com o propósito de me apoquentar, mas só como uma brincadeira afetuosa.

O "cantinho da lareira" era uma convidativa sala de teto rebaixado, de chão atapetado e quadros do tipo que se espera encontrar na casa de um encadernador de livros. Havia retratos de Gutenberg, Franklin, Shakespeare, Cervantes, Molière e dos dois poetas cegos, Homero e Ossian. Entre eles, porém, havia um quadro inteiramente diferente, tanto na posição, pois estava colocado num nível mais baixo da parede, como no aspecto, já que era protegido por vidro e orlado por uma moldura mais larga: era o retrato recortado de uma bailarina, usando saiote de gaze enfeitado com fitas coloridas, e blusa de malha recoberta de lantejoulas douradas. A dançarina ali retratada erguia acima da cabeça a perna direita, enquanto a esquerda se sustentava na ponta do pé. Na parte inferior do quadro havia uma legenda que dizia:

Quem quando dança encanta os corações?
Quem nos provoca tantas emoções?
A Emilie Frandsen, nossas saudações!

O texto era de autoria de Hof, que gostava de compor poesias, especialmente versos cômicos. Ele tinha montado aquele quadro antes de se ter casado com sua primeira esposa. Por muitos anos ele tinha jazido numa gaveta, mas agora ocupava o lugar de honra daquela sala, em meio aos retratos de célebres poetas. Era ali o tal "cantinho da lareira" ao qual Madame Hof tanto se referia. E foi ali que Peer e Hof foram apresentados um ao outro.

— Ele não é um homem maravilhoso? — perguntou ela com ar brincalhão. — Para mim, é o mais maravilhoso de todos!

— Especialmente aos domingos — gracejou Hof, — quando estou encadernado em minha roupa nova!

— Que nada! Você é maravilhoso sem qualquer encadernação! — retrucou ela, baixando a cabeça envergonhada ao notar que sua frase tinha sido muito infantil para alguém de sua idade.

— Um velho amor não enferruja — disse o Sr. Hof, — mas uma velha casa que pega fogo se reduz a cinzas pelo chão.

— Não foi o meu caso — replicou Madame Hof, — que, qual fênix, ressurgi das cinzas e voltei a ser jovem. Aqui é meu paraíso. Não me sinto bem-qualquer outro lugar, a não ser na casa de sua Mãe e sua Avó, durante as visitas que lhes faço, e que nunca duram mais que uma ou duas horas.

— E na casa de sua irmã? — perguntou o marido, com ar matreiro.

— Não, querido, ali nada tem de paradisíaco! Vou lhe contar como é lá, Peer. A família passa muito aperto e enfrenta grandes complicações. Você nem faz idéia do que acontece naquela casa. Ali é proibido mencionar a palavra "preto", pois a filha mais velha está noiva de um sujeito que tem sangue negro nas veias. Outras palavras proibidas são "corcunda", porque um dos filhos nasceu com esse defeito, e "desfalque", pois meu cunhado está sendo processado por esse motivo. E tem mais: vá você falar em "pinheiro", para ver o que acontece: esse é o sobrenome do sujeito que quebrou seu compromisso com minha sobrinha mais nova! De minha parte, detesto estar num lugar onde tenho de me manter de boca fechada. Se não posso falar, prefiro ficar em minha própria casa e me sentar ao pé do fogo. Se não fosse pecado, conforme dizem, eu de boa mente pediria ao Senhor que me deixasse viver enquanto durasse meu cantinho, pois aqui eu vivo cada dia mais feliz. Aqui é meu paraíso, e foi Hof quem o deu de presente para mim.

— Essa aí tem uma máquina de moer ouro na boca! — disse ele.
— E você tem pepitas de ouro em seu coração! — respondeu ela.
Hof replicou recitando um versinho:

Todo esse ouro que eu moí
não vale mais que a Emilie!

Ela fez-lhe uma carícia no queixo e comentou:
— Ele compôs esses versinhos agora! São tão bons que mereceriam ser impressos!
— E depois encadernados!
Era assim que os dois velhotes se entretinham.
Passou-se um ano antes que o professor de canto permitisse que Peer participasse de uma peça de teatro. Ele bem que gostaria de representar o papel-título da ópera *Joseph*, mas o que lhe ofereceram foi o de George Brown na peça *A dama do lago*. Rapidamente decorou o texto e as árias, e, através da leitura da obra de Walter Scott, que tinha fornecido o tema da ópera, compôs mentalmente a figura e a personalidade do jovem e espirituoso oficial que, ao visitar suas colinas nativas e deparar com o castelo de seus antepassados, sem disso ter conhecimento, no momento em que escutou uma velha canção, recuperou esquecidas recordações da infância, tomando a decisão de batalhar para reconquistar a posse do castelo e do coração de sua amada, até finalmente alcançar seus objetivos.

A leitura daquele livro trouxe-lhe à mente algo que ele próprio tinha vivido — um capítulo de sua própria história de vida. A rica música melodiosa composta para a ópera combinava inteiramente com o espírito da obra de Scott.

Longo, longo tempo se passou antes que os primeiros ensaios começassem. O professor de canto não achava que havia pressa para ele fazer sua aparição, mas finalmente chegou o dia da estréia. Peer não era meramente um cantor, era um ator, que mergulhava de corpo e alma no seu papel. O coro e a orquestra o aplaudiram desde os primeiros ensaios, e a noite de estréia estava sendo aguardada por todos com a maior expectativa.

— O sujeito pode ser um grande ator, quando se encontra em sua casa ou entre amigos — disse um coadjuvante. — Longe das luzes, parece excepcional, mas quando se apresenta diante da ribalta, num dia de casa cheia, não passa de um atorzinho assim-assim. O tempo nos dirá se é esse o caso desse rapaz...

Peer não sentia medo, mas sim uma enorme ansiedade de que chegasse logo a memorável noite. Já o professor de canto, ao contrário, estava extremamente nervoso. A mãe de Peer não teve coragem de ir ao teatro, pois receava acabar passando mal. Quanto à Avó, esta se encontrava realmente adoentada, devendo permanecer em casa, segundo prescrevera o médico. Mas a fiel amiga Madame Hof não iria perder de modo algum aquela estréia, prometendo trazer notícias, naquela mesma noite, de tudo o que tinha acontecido.

— Irei ao teatro de qualquer maneira, até mesmo se estiver agonizante! — afirmava com convicção.

Como foi longa aquela noite! Suas últimas três ou quatro horas pareceram durar uma eternidade! A Avó e a Mãe cantavam salmos e rezavam, pedindo ao bom Deus por seu pequeno Peer, que ele voltasse aquela noite a ser o Sortudo do passado. Os ponteiros do relógio se moviam lentamente. Por fim, chegou a hora marcada para o início da peça.

— Agora ele deve estar entrando no palco — comentaram entre si.

Uma hora depois, voltaram a comentar:

Agora deve estar no meio do espetáculo.

Mais uma hora transcorreu.

— Agora terminou.

Depois disso, ficaram se entreolhando, sem nada mais dizer. Nas ruas se ouvia o rumor das carruagens, trazendo em seu interior gente que voltava para casa, vindo do teatro. As duas olharam pela janela e viram as pessoas passando e comentando em altas vozes o espetáculo ao qual acabavam de assistir. Por mais que se esforçassem, não conseguiam entender o que os passantes diziam, ficando sem saber se era o caso de se alegrarem ou de mergulharem na mais profunda desolação.

Por fim, escutaram os passos de alguém que subia as escadas, e logo em seguida Madame Hof irrompeu no sótão, acompanhada por seu marido. Correndo, ela abraçou a Mãe e a Avó, sem dizer uma palavra, apenas chorando e soluçando.

— Santo Deus! — exclamaram as duas. — E Peer? Como foi que ele se saiu?

— Deixem-me chorar! — exclamou Madame Hof tomada de comoção. — Eu não agüento! Ah, minhas queridas, vocês também não iriam agüentar! — e as lágrimas escorriam copiosamente.

— Ele foi vaiado? — gritou a Mãe.

— Não, não! O Peer não foi vaiado! Ele foi...oh, eu tinha de viver para ver isso!

Aflitas, a Mãe e a Avó também prorromperam em pranto.

— Acalme-se, Emilie — disse Hof. — Já que ela não consegue, eu mesmo vou contar. Pois é, minhas caras, o Peer conseguiu! Ele triunfou! Foi tão aplaudido que o teatro quase veio abaixo! Minhas mãos ainda estão doendo de tanto bater palmas! Foi uma tempestade de aplausos, da primeira fileira até as galerias. A família real estava lá e também se juntou aos aplausos! Foi o que se pode chamar de um dia memorável nos anais do teatro. Foi mais do que talento — foi gênio!

— Sim, gênio! — disse Madame Hof. — Foi o que eu também achei, mas não soube dizer. Deus o abençoe, Hof, porque você disse a palavra exata para definir a atuação dele. Ah, minha gente, eu nunca poderia acreditar que alguém pudesse cantar e representar daquele jeito, apesar de ter passado boa parte de minha vida no palco e na platéia.

E de novo desatou em pranto, enquanto a Mãe e a Avó riam e choravam ao mesmo tempo.

— Agora podemos dormir tranqüilamente — disse Hof. — Vamos embora, Emilie. Boa noite, boa noite!

Deixaram o sótão e suas duas felizes moradoras. Mas elas não ficaram sozinhas por muito tempo. A porta se abriu e Peer, que só era esperado na tarde do dia seguinte, entrou no sótão. Ele bem sabia que as duas velhas senhoras deviam tê-lo acompanhado o tempo todo em pensamento, mas não imaginava que já estivessem cientes de seu tremendo sucesso. Assim, quando regressava para casa em companhia do professor de canto, ao passar diante de sua velha residência, viu a luz acesa e achou que devia ir até lá.

— Esplêndido! Glorioso! Soberbo! Foi tudo perfeito! — exclamou jubiloso, beijando as duas.

O professor inclinou-se respeitosamente diante delas e, com o rosto radiante, deu-lhes um caloroso aperto de mãos.

— Agora ele deve voltar para casa e descansar — disse, encerrando a visita tardia.

— Pai nosso que estais no céu, como sois bom e generoso! — disseram as duas pobres mulheres.

Ficaram acordadas até tarde conversando sobre Peer, e o mesmo fizeram todos da cidade, comentando como aquele jovem era elegante e bonito, e como tinha uma voz excepcional. O Sortudo tinha ido longe!

Capítulo XIII

Com alarde, o jornal da manhã falou da estréia como tendo sido simplesmente extraordinária. O crítico teatral reservou-se o privilégio de expressar sua opinião numa próxima edição.

O negociante convidou Peer e o professor de canto para um banquete. Foi uma homenagem que quiseram prestar ao moço, demonstrando o quanto aquele casal apreciava o jovem que tinha sido seu inquilino, e que nascera em sua casa, no mesmo ano e no mesmo dia do nascimento de seu próprio filho.

O negociante fez um belo discurso e propôs um brinde para o professor de canto, o homem que tinha descoberto e polido aquela *"preciosa gema"*, conforme um respeitado jornalista tinha chamado Peer. Félix sentou-se a seu lado, demonstrando alegria e amizade durante toda a comemoração. Depois da ceia, ofereceu aos convivas seus próprios charutos, tendo alguém feito a observação de que eles eram melhores que os do negociante.

— Ele pode dar-se ao luxo de comprá-los — comentou o negociante. — Afinal de contas, tem pai rico!

Peer não fumava, "defeito" que poderia ser facilmente relevado, dada a sua condição de cantor preocupado em manter a limpidez da voz.

— Temos de ser amigos, Peer — disse Félix, — ainda mais agora, que você se tornou o queridinho da cidade, o favorito das moças (e das velhas também)! Em tudo por tudo você tem sorte, rapaz! Invejo você, especialmente pelo fato de poder circular pelos bastidores do teatro a qualquer hora que quiser, por entre todas aquelas beldades!

Para Peer, aquilo não parecia ser motivo suscetível de causar inveja a quem quer que fosse.

Alguns dias mais tarde, recebeu uma carta de Madame Gabriel, que ficou num verdadeiro estado de êxtase ao deparar nos jornais com as esplêndidas notícias a respeito de sua estréia e de seu futuro artístico. Ela e as filhas tinham bebido uma taça de ponche em sua homenagem. Mestre Gabriel também compartilhava de seu entusiasmo, e garantia não haver outro que, como ele, podia pronunciar palavras estrangeiras com tanta perfeição. Já o farmacêutico tinha rodado por toda a cidade exibindo o jornal e lembrado a todos que tinha sido em seu pequeno teatro que pela primeira vez fora admirado e reconhecido o talento de Peer, agora também enaltecido na Capital. *"A filha dele deve estar enciumada"*, dizia ela na carta, *"pois agora você deve estar sendo assediado por baronesas e condessas"*.

Realmente, a "Julieta" andava afobada e atarefada com seu enxoval de casamento, pois fazia um mês que tinha ficado noiva do gordo Conselheiro. Os proclamas já tinham sido publicados, e os dois deveriam casar-se no dia 20 daquele mês.

Pois foi justamente no dia 20 que Peer recebeu essa carta. A notícia daquele noivado o fez sentir-se como se tivesse tido o coração perfurado por uma adaga. Nesse instante tornou-se claro para ele que, apesar de todo o vai-e-vem de seus sentimentos, ela jamais tinha saído de seu pensamento. Gostava mais dela do que de qualquer outra moça do mundo. Lágrimas assomaram-lhe aos olhos, e ele amarrotou a carta nas mãos. Depois da notícia da morte do pai durante a guerra, foi essa a dor que mais abalou seu coração. Pensou que toda a felicidade tinha ido por água abaixo, e que doravante seu futuro seria vazio e triste. A luz do sol não mais refulgiria em sua face juvenil, e seu calor tinha ido embora definitivamente de seu coração.

— Ele parece não estar passando bem — comentaram a Mãe e a Avó. — Deve ser por causa do trabalho duro no teatro.

Viam ambas que ele já não era o mesmo, coisa que o professor de canto também notou.

— Que aconteceu? — perguntou-lhe. — Posso saber o que é que o apoquenta?

Ouvindo isso seu rosto enrubesceu e as lágrimas lhe desceram, e ele lhe contou sobre sua dor e sua perda.

— Eu a amava profundamente! — disse. — Só agora, tarde demais, isso ficou claro para mim!

— Meu pobre e aflito amigo. Como compreendo isso! Chore sem pejo, mas, logo que puder, lembre-se de que tudo o que nos acontece acaba revertendo para o nosso bem. Eu também já passei por isso e já sofri demais. Como você, de certa feita me apaixonei por uma jovem inteligente, bonita e fascinante, e planejei desposá-la. Eu tinha condições de oferecer-lhe uma vida folgada, e ela gostava de mim, mas seus pais estabeleceram uma condição para que nos casássemos, ou antes uma exigência: a de que eu me tornasse cristão.

— E por que não o fez?

— Não podia fazer isso. Ninguém pode, em sã consciência, pular de uma religião para outra sem cometer pecado, seja contra aquela que ele está deixando, seja quanto à que está adotando.

— Você não tem algum tipo de fé? — perguntou Peer.

— Creio no Deus de meus pais, que é quem guia meus passos e clareia meus pensamentos.

Por algum tempo, os dois se mantiveram em silêncio. Então o professor sentou-se ao piano e começou a tocar uma antiga canção popular, mas nem ele, nem Peer quiseram cantar a letra, cada qual mergulhado em seus próprios pensamentos.

A carta de Madame Gabriel não foi lida de novo. Ela jamais ficou ciente da dor que tinha causado.

Poucos dias depois chegou uma carta de Mestre Gabriel. Ele também apresentava suas congratulações e, aproveitando o ensejo, *"solicitava ao celebrado artista que lhe fizesse um obséquio"* — talvez fosse essa a verdadeira e principal intenção da mensagem. Pedia a Peer que lhe comprasse um *biscuit* de porcelana com as figuras de Eros e Psique, *"representativos do Amor e do Matrimônio"*. E o professor prosseguia: *"É impossível encontrar esse tipo de artigo por aqui, mas aí na Capital é fácil. Estou remetendo, em anexo, a quantia que imagino ser suficiente para a aquisição, e lhe peço encarecidamente que me remeta o objeto o mais rapidamente possível, pois quero ofertá-lo ao Sr. Comendador, como presente de casamento, ao qual compareci em companhia de minha esposa"*.

Num pós-escrito, informava ainda que *"o jovem Madsen não deve prosseguir seus estudos, pois há pouco foi-se embora daqui, deixando sua marca em nossas paredes, constituída de inscrições ofensivas e constrangedoras, afetando todos os membros da família! Um mau elemento, o jovem Madsen. Sunt pueri pueri, pueri puerilia tractant, o que significa que meninos não passam de meninos, e, como tais, nada mais fazem que atos pueris. Traduzi para você porque a língua latina não fez parte de seu currículo.*

E com essa observação encerrava sua carta.

Capítulo XIV

Freqüentemente, ao se sentar ao piano, Peer deixava que seus dedos tocassem intuitivamente as notas que lhe brotavam da mente e do coração. Elas iam aos poucos se conformando em melodias, que de vez em quando ganhavam ali mesmo uma letra adequada ao estilo e ao andamento da música. E assim foram nascendo diversos pequenos poemas cheios de ritmo e sentimento. Eram cantados em voz baixa, como se as notas musicais, tímidas e envergonhadas de ser escutadas, preferissem manter-se discretas e ignoradas de todos.

> Tudo passa, como o vento errante;
> Nada fica, nada permanece;
> Murcha a rosa que houve em teu semblante,
> Não mais se ouvem risos, canto ou prece.
>
> Por que a mágoa e a dor te deixam louco?,
> Põe de lado todos os problemas!
> Tudo o tempo apaga pouco a pouco,
> Mesmo as dores atrozes e extremas.
>
> Nada existe que aqui permaneça;
> Vão-se amigos, sonhos, juventude;
> Nada é eterno, ainda que assim pareça.
> Quem afirma o oposto, a si se ilude.

— Onde foi que você conseguiu essa partitura? — perguntou o professor de canto, ao ver, entre as anotações de Peer, a melodia e a letra daquela canção.

— Quando dei por mim, ela estava pronta — respondeu Peer. — É o caso de todas estas que estão anotadas neste caderno. Elas nunca irão correr o mundo.

— De um espírito deprimido podem desabrochar flores — comentou o professor. — Mas um espírito deprimido não tem coragem de se mostrar. Agora vamos içar as velas e navegar em direção a sua próxima atuação. Que me diz de Hamlet, o melancólico e jovem príncipe da Dinamarca?

— Conheço a tragédia de Shakespeare — respondeu o moço, — mas não sua adaptação para ópera feita por Thomas.

— Essa ópera deveria chamar-se "Ofélia".

Com efeito, na tragédia shakespeareana, a Rainha nos fala da morte de Ofélia, que se transformou no carro-chefe da versão operística. Nesta, assiste-se ao vivo à cena que, na peça teatral, apenas se podia deduzir de uma das falas da Rainha, quando ela assim diz:

> "A um salgueiro de copa escura e acinzentada
> que formava um dossel por cima de um regato,
> ela se dirigiu, levando em suas mãos
> uma estranha grinalda, de plantas do mato:
> urtigas, margaridas e aquela flor roxa
> que os pastores designam por nome vulgar,
> enquanto que as donzelas, com mais discrição,
> de "dedo-de-defunto" preferem chamar.
> Sem medo ela escalou o caule do salgueiro,
> na intenção de tornar sua copa mais bela;
> porém um galho frágil quebrou com seu peso
> e arremessou nas águas grinalda e donzela!
> Sua saia se abriu, como vela enfunada,
> mantendo-a à tona da água na veloz corrente,
> e ela sem perceber que iria se afogar,
> qual sereia a boiar, pôs-se a cantar contente (...)"

A ópera traz tudo isso diante de nossos olhos. Nela, vemos Ofélia, que chega brincando e dançando, cantando velhas baladas sobre uma sereia que enfeitiça os homens e os leva rio abaixo, e enquanto ela canta e colhe as flores, a mesma canção é ouvida provindo das profundezas do rio, soando sedutoramente nas vozes de um coro. Ela escuta e ri. Acerca-se da borda e, apoiada no caule do salgueiro, inclina-se para apanhar os alvos nenúfares. Devagar ela desliza até eles e, sempre a cantar, inclina-se sobre suas largas folhas, até que, súbito, perde o equilíbrio e cai no regato, sendo arrastada pelas águas para a parte funda, onde, como a flor quebrada, vai afundando à luz do luar, com a cantiga da sereia ressoando a seu redor. Nessa grandiosa cena, é como se Hamlet, sua mãe, seu tio e o falecido e vingativo rei tivessem sido criados apenas para servir de moldura a esse primoroso quadro. Podemos não encontrar na ópera o *Hamlet* de Shakespeare, assim como não encontramos o *Fausto* de Goethe na ópera homônima. As idéias especulativas não constituem matéria-prima passível de servir à música. São os temas de amor existentes em ambas as tragédias que as transformam em poemas musicais.

A ópera *Hamlet* foi apresentada no palco. A atriz que desempenhou o papel de Ofélia foi admirável, e a cena da morte foi o ponto alto do espetáculo, enquanto que o ator do papel-título foi recebido simpaticamente pelo público, logo que se apresentou, recebendo aplausos crescentemente entusiasmados a cada nova cena em que tomava parte. Além disso, o público ficou espantado quanto ao alcance de sua voz, à limpidez demonstrada tanto nas notas graves quanto nas mais altas, e principalmente ao constatar que ele podia, com igual brilho e competência, interpretar tanto Hamlet como George Brown.

Na maior parte das óperas italianas, cada ária é como se fosse uma tela na qual o cantor ou a cantora de talento deixa registrada a marca de sua alma e de seu gênio. As vozes de timbres diversos vão conformando a história narrada em forma de poema, alcançando momentos gloriosos quando a música retrata com perfeição o caráter dos personagens, detalhe que Gounod, no Fausto, e Thomas, no Hamlet, compreenderam muito bem.

Aquela noite, no teatro, Hamlet, mais do que uma simples personagem, parecia ser uma pessoa dotada de carne e de sangue, tendo assumido de fato a condição de elemento principal da peça. Inesquecíveis foram a cena noturna nas muralhas do castelo, onde Hamlet, pela primeira vez, vê o fantasma do pai; a do castelo, diante do patíbulo, quando as palavras que profere são mais destruidoras do que gotas de veneno; a do terrível encontro com sua mãe, quando o fantasma do pai se posta diante do filho em atitude vingativa. E como sua voz pareceu adquirir ainda maior intensidade e força na cena da morte de Ofélia! Era ela a solitária flor de lótus flutuando sobre o mar escuro e profundo, cujas ondas pareciam chocar-se ruidosa e potentemente contra as próprias almas dos espectadores!

Sim, aquela noite Hamlet tornou-se a personagem principal da peça. O triunfo foi completo. "De quem teria ele herdado todo esse talento?", perguntou-se a esposa do negociante, ao se lembrar das figuras discretas e modestas de suas inquilinas, a mãe e a avó de Peer. O pai fora gerente de um dos armazéns pertencentes a seu marido, merecendo a fama que havia granjeado de homem bom e honrado. Morrera cedo, vítima da guerra, o que obrigara sua esposa a ganhar a vida como lavadeira, incapaz de proporcionar ao filho um ambiente cultural refinado. Quanto a este, tivera de se contentar com o ensino gratuito ministrado em escolas públicas, complementado durante uma estada de apenas dois anos num educandário da província... Quanto conhecimento poderia um mestre-escola provinciano conferir a um pobre estudante durante um período tão curto?

— É que ele tem genialidade — disse o negociante. — Já nasceu com ela. É dom de Deus...

— É... deve ser isso... — concordou sua esposa

Mais tarde, em conversa com Peer, perguntou-lhe, não sem uma certa apreensão:

— Você realmente se sente grato por aquilo que recebeu? Os céus foram inconcebivelmente pródigos com você! Tudo lhe foi dado. Você nem faz idéia de como foi marcante sua atuação como Hamlet! Foi uma representação indescritível! Já ouvi dizer que muitos poetas desconhecem a qualidade daquilo que produziram, são os filósofos que têm de revelar-lhes isso. De onde foi que você tirou sua concepção de Hamlet?

— Tentei entender sua personalidade e li muito do que foi escrito sobre a obra de Shakespeare. No palco, procurei insuflar vida na personagem e intensidade nas cenas em que aparecia. Dei o que tinha dentro de mim, e o resto coube ao Senhor.

— Oh, que irreverência! Não use Seu santo nome dessa maneira! Ele lhe concedeu inteligência e talento, mas você certamente não acredita que Ele tenha algo a ver com ópera e com representação teatral!

— Mas claro que tem! — contestou Peer corajosamente. — Ali é Seu púlpito também! E a maior parte das pessoas escuta mais atentamente o que ali se diz do que o que se fala na igreja!

117

Ela meneou a cabeça com ar de reprovação e comentou:

— Deus está conosco em tudo o que é belo e bom, mas devemos ter o cuidado de não usar Seu santo nome em vão. É uma bênção ser um grande artista, porém mais importante é ser um bom cristão!

"Meu Félix", pensou, "jamais ousaria comparar, em minha presença, o teatro com a igreja", e essa certeza deixou-a aliviada e contente.

Ao tomar conhecimento do ocorrido, Félix riu e comentou:

— Agora você caiu no conceito dela!

— É... deixei que minhas idéias me levassem longe demais!...

— Não se preocupe com isso. Você voltará a recuperar seu prestígio no próximo domingo, quando ela o vir na igreja. Sente-se na extremidade externa de seu banco e olhe bem para cima e para a direita, pois ali, na galeria, vai avistar um rostinho que merece ser contemplado com atenção: o da encantadora filha da Viúva Baronesa. É aviso de amigo, e vou dar-lhe outros mais. Você não pode viver como está agora. Mude-se para um apartamento maior, com uma escadaria decente! Ou então, se não quiser deixar a companhia de seu professor de canto, incentive-o a melhorar o estilo de sua casa! Ele tem recursos para isso, e você agora também tem uma bela renda. Dê uma festa, ofereça um jantar. Eu também poderia fazer isso, e acho que vou fazê-lo, desde que você me prometa convidar uma daquelas belas coristas do teatro. Você é um cara sortudo, Peer! Mas acredito, e o céu me perdoe se estiver errado, que você ainda não tomou consciência de como pode ser bela e boa a vida de um rapaz solteiro...

Na realidade, Peer tinha plena consciência disso, mas de maneira bem diversa da de Félix. Seu coração ardente e jovem estava apaixonado pela Arte, e ela, por sua vez, qual se fosse sua noiva, retribuía esse seu amor, mantendo-o num perene estado de alegria e satisfação. A depressão que havia pouco o tinha afligido tanto já se evaporara. A toda hora, olhos meigos pousavam sobre ele, e todos o recebiam de maneira afetuosa e cordial. O coraçãozinho de âmbar, que ainda trazia constantemente junto ao peito, conforme sua Avó um dia lhe havia sugerido, funcionava para ele como um talismã, ou assim ele imaginava supersticiosamente, com uma fé infantil. As idéias supersticiosas parecem ser uma constante na mente das pessoas dotadas de gênio, pois todas acreditam possuir no céu uma estrela particular. A Avó lhe tinha mostrado como era que a força existente no fundo do coração podia atrair coisas boas. No sonho que tivera, havia visto uma árvore que brotava de seu coraçãozinho de âmbar, rompia o teto e o assoalho, e produzia milhares de corações de ouro e prata. Isso significava certamente que a força da Arte residia em seu próprio coração, e que, por meio dela, ele iria conquistar a admiração e simpatia de milhares e milhares de corações.

Entre ele e Félix havia indubitavelmente algum tipo de simpatia, ainda que os dois fossem inteiramente diferentes. Peer imaginava que essa diferença fosse devida ao fato de que Félix, filho de pai rico, tinha crescido entre desejos e tentações, e tinha com que saciá-los. Já ele, por outro lado, fora afortunadamente colocado na Terra como filho de um homem pobre. O fato é que os dois meninos nascidos naquela casa tinham se transformado em rapazes com o futuro garantido. Félix deveria em breve ser alçado à condição de Camarista da Corte, primeiro passo para tornar-se Camareiro Real, tendo o direito de usar uma chave de ouro presa ao pescoço. Peer, sempre sortudo, já tinha a chave de ouro do gênio segura nas mãos, e essa chave, embora fosse invisível, abria as arcas que continham todos os tesouros da Terra, e também todos os corações.

Capítulo XV

O inverno não tinha terminado, e ainda se podia ouvir o som dos guizos dos trenós. As nuvens ainda estavam carregadas de flocos de neve, mas de vez em quando um raio de sol refulgia através delas, prenunciando a breve chegada da primavera. Suaves fragrâncias inundavam as narinas de Peer, e de seu jovial coração brotavam canções que se traduziam em notas pitorescas e palavras expressivas, como esta:

A neve que ainda cai recobre todo o chão;
Ainda há patinadores a rir e brincar;
Negros corvos mosqueiam as árvores alvas,
Mas amanhã, quem sabe, o inverno há de acabar,
E o sol, de vez em quando, rompa o céu cinzento,
Trazendo a primavera, anunciando o verão.
Vamos então guardar botas, luvas, capotes,
E escutar, das crianças, sua animação;
Das aves, os gorjeios; todas a cantar,
Porque, na Primavera, a música está no ar!

Como é bom ser beijado pelo ardente sol,
Colhendo as lindas flores que cobrem o chão!
Parece que a floresta, enquanto as folhas brotam
Durante a noite, até prende a respiração!
Cantam os cucos — quem não conhece seu canto?
Quem os ouve a cantar, viverá longamente,
Diz a crença geral — não custa acreditar!
Se o mundo reverdece, volta a ser contente,
Recobra a juventude, e lembra-te, isso sim,
Que a juventude nunca há de chegar ao fim!

Ao fim não chegará, pois nossa vida aqui
Transcorre em alternâncias de alegria e dor,
De chuva e sol, e assim, em cada coração,
Há um mundo ali deixado pelo Criador,
Um mundo de esplendor, onde a esperança impera,
Que se renova sempre a cada Primavera!

A Natureza e Deus sempre jovens serão!
Ó Primavera, ensina-nos tua canção
para que nós e as aves juntos a entoemos,
pois sempre que a cantarmos nós recordaremos
da verdade que pode ser expressa assim:
a juventude nunca há de chegar ao fim!

— Eis aí uma pintura musical completa — disse o professor de canto, — e bem arranjada para coro e orquestra. Foi a melhor de suas composições ditadas pela emoção. Você devia aprender baixo cifrado, embora seu destino não seja a composição musical.

Seus jovens amigos músicos logo introduziram a canção num grande concerto, tendo ela chamado a atenção do público, mas sem despertar grande entusiasmo. A carreira do nosso jovem amigo estava aberta diante dele: seu futuro não dependia apenas de suas inegáveis qualidades vocais, mas também de seu notável talento dramático, demonstrado quando desempenhou os papéis de George Brown e de Hamlet. Ele preferia a ópera clássica ao modismo da opereta, por considerar que fugia ao bom senso a alternância de trechos cantados e falados. Justificava sua preferência com a seguinte explicação:

— É como se alguém subisse uma escadaria cujos degraus fossem alternadamente de mármore e de madeira, reduzindo-se aqui e ali a varais de poleiro, para depois voltarem a ser de mármore. Um poema completo, se não for declamado, terá de ser cantado.

A música do futuro, conforme está sendo chamado o novo movimento da ópera do qual Wagner é um dos porta-vozes, tinha um defensor e admirador em nosso jovem amigo. Achava que os personagens das peças compostas nesse estilo eram delineados de maneira nítida, as passagens repletas de pensamentos, e toda a ação caracterizada por movimentos para a frente, sem interrupções desnecessárias, nem repetição de melodias.

— No estilo tradicional, são por demais artificiais aquelas árias tão longas!...

— Sim — concordou o professor de canto, — mas são elas que, nas obras da maioria dos grandes mestres, se salientam como as peças mais importantes do conjunto. É por meio delas que a narrativa adquire seqüência. Se o poema lírico possui um lar, ele se chama Ópera.

E mencionou como exemplo a ária de Dom Otávio na ópera *Don Giovanni*, aquela que diz: *"Lágrimas, deixem de rolar"*, comentando:

— Quando a escuto, imagino estar à beira de um lindo lago em meio à floresta, descansando em sua margem e desfrutando daquela música que por ali perpassa qual brisa, sem agitar suas águas! Respeito a ingenuidade que constitui a essência desse novo movimento musical, que, no fundo, considero não passar de um bezerro de ouro, diante do qual você está dançando, mas não eu. Ou você não está expressando a verdadeira opinião que guarda no fundo do coração, ou então essas coisas ainda não estão claras para você.

— Pois já decidi que irei tomar parte numa ópera de Wagner — disse Peer. — Talvez não saiba como expressar meu modo de pensar com palavras, mas saberei fazê-lo através de meu canto e minha representação.

A escolha feita foi a da ópera *Lohengrin*, que narra a lenda do jovem cavaleiro misterioso que, no barco puxado por um cisne, desliza sobre o rio Scheldt para defender Elsa de Brabante. Antes de Peer, ninguém tinha cantado e representado tão bem a canção do encontro, a canção de amor na câmara nupcial e a canção do adeus, quando a alva pomba do Santo Graal paira sobre o jovem cavaleiro que veio, viu e desapareceu. Sua noite de estréia foi, para o jovem, um novo passo em direção ao reconhecimento artístico, e, para o professor de canto, um passo em direção ao seu reconhecimento quanto à qualidade e importância da "música do futuro".

— Sim, reconheço... embora com algumas restrições... — fez questão de frisar.

Capítulo XVI

Na grande exposição anual de pintura, Peer e Félix se encontraram um dia diante do retrato de uma bela e jovem nobre, a filha da Viúva Baronesa, como era geralmente chamada sua mãe, cuja casa era o ponto de encontro da alta sociedade local, bem como de todo aquele que tivesse adquirido destaque na Arte e na Ciência. A jovem baronesa estava então com dezesseis anos — uma flor de candura e de beleza. O quadro, pintado por um excelente artista, reproduzia com fidelidade o modelo.

— Vá até aquela sala ali em frente — disse Félix, — e encontrará pessoalmente a bela moça, ao lado de sua mãe.

Mas antes disso, a atenção de ambos foi atraída pela beleza de um quadro que representava um descampado, em meio ao qual seguiam dois jovens recém-casados, cavalgando o mesmo animal, indo ela na garupa, abraçando a cintura de seu esposo. No primeiro plano via-se um monge de pé, a contemplar o feliz casal. Seu semblante jovem tinha um aspecto melancólico e sonhador, permitindo que o apreciador do quadro imaginasse o teor de seus pensamentos e a própria história de sua vida. Via-se nele a própria representação de um desejo reprimido, de uma grande felicidade perdida: a felicidade do amor, que ele não tinha conseguido encontrar...

Félix se apresentou diante da Baronesa, saudando-a respeitosamente, e em seguida se inclinando diante de sua bela filha. Peer também as cumprimentou, mas com sua habitual e comedida polidez. A senhora reconheceu-o imediatamente, por já tê-lo visto no palco, e lhe dirigiu palavras gentis, enquanto Peer lhe apertava a mão:

— Eu e minha filha fazemos parte da lista de suas admiradoras!

A distinção da mãe se equiparava à beleza da filha, que voltou para ele seus olhos meigos e claros, saudando-o com um sorriso gentil.

— Recebo em minha casa — disse a baronesa — vários artistas da maior expressão. Nós, pessoas comuns, temos necessidade de arejamento espiritual. Você será ali cordialmente bem-vindo. Da primeira vez que for visitar-nos, nosso jovem diplomata — e indicou Félix — irá mostrar-lhe o caminho; mas, desse dia em diante, esperamos que você o aprenda e nos venha visitar com freqüência.

Dirigiu-lhe um sorriso. A jovem estendeu-lhe a mão com a maior naturalidade, como se já o conhecesse de longa data.

No final do outono, numa noite fria e chuvosa, os dois rapazes que tinham nascido na mesma casa foram à mansão da Baronesa. Os flocos de neve que pairavam no ar sugeriam que seguissem num carro fechado, e não a pé, mas os dois preferiram caminhar até lá, protegidos por grossos agasalhos de lã, galochas de borracha, capa de chuva e capuz.

Foi como entrar numa terra de fadas quando trocaram o ar úmido e frio pelo ambiente hospitaleiro e aquecido daquela residência na qual reinava tanto luxo e bom gosto. No vestíbulo, antes das escadas atapetadas, enormes vasos ostentavam uma profusão de flores, folhagens e palmeiras-leque. Uma pequena fonte esguichava água que caía numa concha de mármore, enfeitada com belos copos-de-leite.

O grande salão estava magnificamente iluminado, e grande parte dos convidados já havia chegado. Pouco depois, já estava apinhado. Era preciso cuidado para não pisar em longas caudas e laçarotes de seda, e para encontrar passagem por entre o rumoroso mosaico de trajes, escutando fragmentos desconexos de conversas, que, em seu conjunto, era o que menos importava no meio de todo aquele esplendor.

Se Peer fosse um camarada fútil, coisa que ele não era, poderia ter imaginado que se tratasse de uma festa em sua homenagem, tão cordial foi a recepção que teve por parte da dona da casa e de sua radiante filha. Todas as damas presentes, desde as mais velhas até as mais novas, bem como os cavalheiros, lhe dirigiram cumprimentos afáveis.

Um conjunto executava peças musicais. Durante uma pausa, um jovem autor leu um poema bem escrito. Seguiu-se uma sessão de canto, mas, diplomaticamente, ninguém solicitou do jovem cantor que "alegrasse a festa". A dona da casa revelou-se uma *hostess* atenciosíssima, brilhante e genial naquele elegante salão.

Foi essa a sua introdução na alta sociedade, e logo nosso jovem amigo passou a fazer parte do seleto grupo de amigos íntimos da família. O professor de canto, quando soube disso, meneou a cabeça desaprovadoramente e riu.

— Quão jovem você é, caro amigo, — disse ele, — a ponto de ainda se alegrar por estar no meio dessa gente! Sob certos aspectos, são pessoas boas, mas que nos olham de cima para baixo, por não passarmos de plebeus. Alguns deles agem assim por mera questão de vaidade, considerando-nos um divertimento, enquanto que outros gostam de demonstrar cultura, ao receberem em seu círculo restrito os artistas e as celebridades do momento, intrusos temporários, que pertencem aos salões tanto quanto as flores pertencem aos vasos, servindo apenas para decorá-los até murcharem e serem jogadas fora...

— Como o Sr. está áspero e rancoroso! — protestou Peer. — Não conhece essas pessoas e nem quer conhecê-las!

— Não — respondeu o professor de canto. — Não me sinto à vontade entre eles, e nem você também. Disso eles todos se lembram e sabem. Eles o aplaudem e admiram do mesmo modo que aplaudem e admiram o cavalo de corrida que presumivelmente irá vencer o páreo. Você e eles pertencem a camadas sociais diferentes. Eles o esquecerão tão logo deixe de estar na moda. Será que você não entendeu isso? Onde está seu orgulho próprio? Não se envergonha de parecer presunçoso imaginando pertencer a um mundo que não é seu?

— Suas palavras e seus conceitos seriam inteiramente diversos — contestou Peer — se conhecesse a Baronesa e alguns de seus amigos...

— Pois espero jamais vir a conhecê-los — disse o professor de canto, encerrando o assunto.

Alguns dias mais tarde, encontrou-se com Félix, que lhe perguntou com ar gaiato:

— E quando vai ser anunciado o casamento? A propósito: vai ser com a mãe ou com a filha? — e prorrompeu numa gostosa gargalhada, prosseguindo no mesmo tom: — Quer um conselho? Deixe a baronesinha em paz, ou terá contra si todos os rapazes da nobreza, inclusive eu próprio, que me tornarei seu inimigo rancoroso e figadal!

— Que está querendo dizer com isso? — estranhou Peer.

— Que você é de fato o favorito. Pode entrar e sair daquela casa à hora que bem quiser. Pois peça a mãe em casamento, que assim, além de ficar rico, passará a pertencer a uma boa família.

— Pare com essas brincadeiras! — disse Peer, com ar zangado.

— Não acho graça alguma nessas asneiras que está dizendo.

— E quem disse que estou fazendo graça? — disse Félix. — O assunto é sério, rapaz! Você por certo não vai querer que a Baronesa desate em prantos, julgando ter-se tornado viúva pela segunda vez...

— Deixe a Baronesa fora dessa conversa. — disse Peer. — Mexa comigo, se quiser, que eu aí responderei à altura...

— Ninguém irá acreditar que seja um casamento por amor, ao menos no que se refere a você — continuou Félix. — Ela já deixou para trás seus tempos de beldade. Mas a verdade é que a pessoa não vive apenas de intelecto...

— Peço-lhe que demonstre mais delicadeza e bom senso — zangou-se Peer, — e que não se refira de maneira tão desrespeitosa a uma senhora que você deveria estimar, e a cuja casa tem livre acesso. Não vou continuar escutando tais grosserias.

— E que vai fazer agora? — perguntou Félix. — Vai me desafiar para um duelo?

— Sei que você aprendeu a esgrimir, e eu não, mas posso aprender! E deixou Félix.

Dois dias mais tarde, novamente se encontraram os dois rapazes que nasceram no mesmo dia e na mesma casa; um, no primeiro andar; outro, no sótão. Félix saudou Peer amistosamente, como se nada tivesse acontecido entre eles. Quanto a Peer, tratou-o educadamente, mas não quis render conversa.

— Mas o que há com você? — estranhou Félix. — Será que aquelas brincadeiras inocentes de outro dia o teriam deixado ofendido? Se assim foi, peço-lhe desculpas. Ora, Peer, deixe de rancor; trate de perdoar e esquecer.

— Você pode se perdoar pela maneira como se referiu a uma senhora à qual ambos devemos o maior respeito e consideração?

— Tudo o que fiz foi ser franco! — replicou Félix. — Na alta sociedade, as línguas também costumam ser afiadas, e ninguém fica ofendido por causa disso. Como diz o poeta, que seria do peixe assado se não fosse o sal? Todos nós somos um pouco maledicentes. Você também, de vez em quando, deixa cair uma gota de ironia, e ela, ainda que inocente, não deixa de arder...

Pouco depois já estavam de novo caminhando amistosamente lado a lado. Félix bem sabia que muitas jovens com as quais agora trocava olhares teriam passado por ele sem sequer notar sua presença, não fosse o fato de estar na companhia do "ídolo dos palcos"; As luzes

125

da ribalta sempre revestem de uma aura de fascínio os galãs do palco, e continuam deixando-os no foco das atenções mesmo quando se apagam, ou seja, quando eles se mostram na rua, à luz do dia. Por isso é que a maior parte dos artistas de teatro prefere agir como os cisnes: apenas se deixam ver em seu elemento, o palco, e nunca numa via pública. Há exceções, no entanto, e nosso jovem amigo era uma delas. Fora do palco ele voltava a ser Peer e deixava de ser George Brown, Hamlet ou Lohengrin, ainda que alguns admiradores assim o vissem sempre. Para muitos corações jovens, a personalidade do artista se confundia com a dessas figuras poéticas e musicais, e elas enxergavam nele a encarnação de seu ideal. Isso, para Peer, que não ignorava ser essa a razão dos olhares e sorrisos que lhe dirigiam, não causava qualquer aborrecimento, mas antes satisfação. Ele era feliz com sua arte e com os talentos que possuía, mas de vez em quando uma sombra encobria seu semblante juvenil, e ele então se sentava ao piano e compunha mais uma canção, quase sempre revestida de um toque de melancolia, do tipo daquela que dizia:

> Nada existe que aqui permaneça;
> Vão-se amigos, sonhos, juventude;
> Nada é eterno, ainda que assim pareça.
> Quem afirma o oposto, a si se ilude.

— Mas que tristeza! — comentou a Baronesa ao escutá-lo. — E ainda mais vindo de você, uma pessoa tão bafejada pela sorte! Sim, Peer, toda a sua história é caracterizada pela presença da sorte!
— "Não diga que uma pessoa sempre tenha sido bafejada pela sorte antes que ela esteja no túmulo", conforme as palavras do sábio Sólon — replicou ele, espantando o ar melancólico com um sorriso. – Eu cometeria pecado se não me sentisse grato e feliz no fundo de meu coração. E, com efeito, sou grato pelo dom que recebi, mas tenho minha própria maneira de encará-lo. Para mim, esse dom não passa de um belo espetáculo pirotécnico, de uma centena de rojões que sobem, sobem e depois explodem! É nisso em que consiste o trabalho do ator teatral. As estrelas, cujo brilho é permanente, podem ser esquecidas momentaneamente durante a passagem de um meteoro, mas este, ao se extinguir, não deixa rasto, a não ser em nossa lembrança. A nova geração desconhece inteiramente os artis-

tas que tanto deleitaram seus avós, e nem faz idéia de como eles teriam sido. O que a juventude de hoje considera brilhante e aplaude entusiasticamente talvez não passe de latão, se comparado ao ouro puro dos artistas celebrados e relembrados pelos mais antigos. É bem diferente o que ocorre com o poeta, o escultor, o pintor, o compositor. Eles por vezes enfrentam dificuldades na luta pela sobrevivência, deixando de receber em vida a merecida apreciação, ao passo que os artistas do palco, enquanto em evidência, vivem em meio à ostentação e ao luxo mantidos pela idolatria que lhes é prestada.

Voltando a acompanhar-se ao piano, cantou:

— Deixe que a turba admire a nuvem colorida
que agora esconde o sol e que no céu se ostenta;
ela vai desfazer-se, e então o sol, que é vida,
em meio ao céu azul, de novo se apresenta,
fazendo renascer em nós as emoções
que irão contagiar as novas gerações.

Em seguida, passou a tocar de improviso com inspiração e talento jamais dantes demonstrados.

— Lindo! Magnífico! — não se conteve a Baronesa. — Foi como se eu tivesse escutado uma história de vida. Você pôs nessa música todo o seu coração!

— Essa música me fez pensar nas *Mil e uma noites* — disse a jovem, — na lâmpada maravilhosa de Aladim! — e voltou para ele seus olhos inocentes marejados de lágrimas.

— Aladim! — repetiu Peer com ar pensativo.

Aquela noite constituiu o ponto de ruptura de sua existência. Um novo capítulo da história de sua vida certamente estava começando.

Depois disso, passou-se um ano, e muito depressa. Que lhe teria acontecido durante esse ano? Por certo, algum acontecimento estranho, que lhe tirou das faces as cores e o frescor, mas que trouxe a seus olhos uma nova chama. Ele passou noites e noites sem dormir, mas não em orgias, folias ou bebedeiras, como se lê que teria acontecido a tantos grandes artistas. Tornou-se menos falante, porém mais animado.

— Em que é que você tanto se ocupa? — mais de uma vez lhe perguntou seu amigo professor de canto — Você não confia tudo a mim!

Ele, em geral, desconversava, mas de certa feita lhe respondeu:
— Penso na minha boa sorte. — respondeu. — Sob certos aspectos, minha vida se compara à daquele menino pobre chamado Aladim!

Capítulo XVII

Diferente do que se poderia esperar para alguém que passou a infância em meio à pobreza, Peer agora levava uma vida folgada e confortável. Sentia-se tão bem que chegou a pensar em seguir a sugestão de Félix e dar uma grande festa. Mas não a festa que o amigo imaginara, com bebidas, danças e muitos convidados, e sim uma comemoração muito restrita, para a qual as únicas convidadas e homenageadas seriam suas duas amigas mais antigas e queridas: a Mãe e a Avó.

Num maravilhoso dia de primavera, convidou as duas para um passeio de carruagem. Saindo dos limites da cidade, foram visitar uma casa de campo que, segundo lhes informou, o professor de canto havia acabado de comprar. Quando acabara de sair de casa e já ia subir na carruagem, apresentou-se diante dele uma mulher de cerca de trinta anos, trajada modestamente, que lhe mostrou uma carta de recomendação assinada por Madame Hof.

— Não se lembra de mim? — perguntou ela. — Meu apelido era "Carneirinho", por causa de meus cabelos encaracolados. Faz tempo que os caracóis dos cabelos se foram, e com eles muita coisa mais!... Ainda bem que ainda resta no mundo gente boa como você e Madame Hof. Eu e você atuamos juntos num balé. Você continuou sua carreira e obteve sucesso. Tornou-se uma figura importante. Quanto a mim, deixei o teatro, casei-me duas vezes e me separei outras tantas...

Peer leu o bilhete, que lhe pedia ajuda para adquirir uma máquina de costura para sua ex-colega de balé, da qual ele não se lembrava. Tentando refrescar a memória, voltou-se para ela e perguntou:

— Em que balé atuamos juntos?

— Entre outros, *O tirano de Pádua*. Éramos pajens e usávamos roupas e boina de veludo azul. Não se lembra da pequena Malle Knallerup, que seguia logo atrás de você na procissão?

— E que de vez em quando pisava no meu pé! — disse Peer rindo.

— Eu fazia isso? Então tinha que esticar o passo para alcançá-lo! Mas, no final das contas, você, sim, é que caminhou a passos bem largos, bem maiores que os meus. Logo entendeu que usar a cabeça é mais proveitoso do que usar as pernas.

E, apesar das marcas de tristeza presentes em seu rosto, dirigiu-lhe um olhar brejeiro, como no tempo em que ambos eram crianças.

Peer era uma pessoa generosa. Não iria dar-lhe apenas uma ajuda, mas sim a máquina de costura de que ela precisava. Afinal de contas, fora a pequena Malle uma das responsáveis por afastá-lo do balé e encaminhá-lo a uma carreira mais bem-sucedida.

Depois de prometer-lhe o presente, seguiu em frente, e não demorou a chegar diante da casa do negociante. Subiu as escadas, abriu a porta do sótão e lá estavam a Mãe e a Avó, trajando suas melhores roupas. Casualmente, ali também se encontrava Madame Hof, fazendo-lhes uma visita. Peer convidou-a a participar do passeio, deixando-a numa dúvida cruel: ir ou não ir? Por fim, ela escolheu a segunda opção, mandando avisar o marido da decisão tomada.

— Só mesmo por você, Peer, é que eu faria isso! — disse ela, depois de instalada na carruagem.

— Estamos como num desfile de moda! — gracejou a Mãe.

— E desfilando numa bela e confortável carruagem! — complementou a Avó.

Perto da cidade, junto ao parque real, havia uma aconchegante casinha, rodeada por parreiras de uva, roseiras, aveleiras e árvores frutíferas. Ali parou a carruagem. Era uma casa de campo. Foram recebidos por uma velha senhora bem conhecida da Mãe e da Avó, pois as tinha ajudado muita vezes em seus trabalhos de lavar e passar.

Visitaram o jardim, depois o interior da casa. Ligado à sala de estar, havia um pequeno cômodo envidraçado que ambas acharam particularmente encantador: era uma pequena estufa com belas flores, ligada à sala por uma porta de correr que se encaixava num vão da parede.

— É exatamente como uma "coulisse", isso é, um tipo de porta corrediça que costuma existir nos palcos — disse Madame Hof. — Para abrir e fechar, basta puxar com a mão. Dentro desse cômodo, que se chama "jardim de inverno", a gente se sente como um passarinho num viveiro bem amplo e cheio de plantas.

O quarto de dormir era também aconchegante. Havia compridas e pesadas cortinas nas janelas, tapetes macios e duas cadeiras de braço confortáveis, que a Mãe e a Avó foram convidadas a experimentar.

— Esse tipo de cadeira deixa a gente com preguiça... — comentou a Mãe.

— Chega-se até a perder peso! — gracejou Madame Hof. — É aqui que você e seu mestre, depois de uma estafante labuta no teatro, poderão descansar confortavelmente. Eu bem sei em que consiste o cansaço de um artista, ora se não sei! Aliás, não vejo a hora de me sentar com as pernas para cima, ao lado do meu Hof. Somos como "duas almas e um só pensamento" — não é encantador?

— Aqui é mais arejado e espaçoso do que nos dois pequenos cômodos lá do sótão — comentou Peer, com olhos radiantes de alegria.

— Sim, é verdade! — concordou a Mãe. — Mas lá no sótão também é bom. Foi ali que você nasceu, foi lá que vivi com seu pai.

— Mas aqui é melhor — disse a Avó. — Aqui você tem uma casa inteira a sua disposição. Invejo você e aquele nobre homem, o professor de canto, vivendo nesta casa tranqüila e aconchegante.

— Pois não precisam vocês duas de invejar ninguém! De hoje em diante, Vovó e Mamãe, minhas queridas, são vocês que irão residir aqui, onde não mais terão de subir e descer escada o dia inteiro, nem de ficar enfurnadas naquele espaço tão exíguo. Terão uma empregada para ajudá-las nas tarefas domésticas e vão poder estar comigo tantas vezes quanto na cidade. Então, gostaram da novidade?

— Mas, afinal de contas, o que está dizendo esse menino? — estranhou a Mãe.

— Esta casa, este jardim — tudo isto é de vocês! Lutei muito para lhes proporcionar tudo isto. Para tanto, contei com a prestimosa ajuda de meu amigo professor de canto

— Mas o que é que você está dizendo, filho? — disse a Mãe, sorrindo carinhosamente. — Que gostaria de nos dar de presente esta bela mansão, não é? Ah, menino bonzinho! A gente sabe que, se pudesse, você de fato faria isso por nós!

— Estou falando sério, gente! — protestou ele, sorrindo. — A casa agora pertence a vocês duas! — e beijou-as enquanto elas se derramavam em lágrimas.

As lágrimas de Madame Hof logo se juntaram às de suas duas amigas.

— Este é o momento mais feliz de minha vida — disse Peer, enquanto abraçava as três.

Depois disso, elas voltaram a examinar tudo de novo, não com olhos de visitantes, mas de donas. Agora poderiam desfrutar comodamente daquela bela estufa, planejando trazer para lá seus cinco ou seis vasinhos que cultivavam no sótão. Em vez de um pequeno armário embutido, teriam aqui uma espaçosa despensa, além de uma cozinha espaçosa e bem equipada, com forno, fogão e chaminé. E que fogão! "Parece um ferro de engomar grande e brilhante", comentou a Mãe.

— Agora vocês também têm o seu "cantinho"! — brincou Madame Hof. — Isso é magnífico! E não só um cantinho, mas tudo o que se pode almejar neste mundo. Você também, meu querido, tem tudo o que um dia quis ter.

— Nem tudo — disse Peer.

— Ah, entendo! Mas em breve vamos ser apresentadas à noivinha! — disse Madame Hof. — Tenho escutado alguns comentários a esse respeito, e acho que sei quem é a escolhida... Mas cala-te boca! Você é uma pessoa maravilhosa, Peer! Tudo isso que fez bem que poderia ser o tema do enredo de um espetáculo de balé!

E ria com lágrimas nos olhos, assim como a Mãe e a Avó.

Capítulo XVIII

Escrever o texto e a música de uma ópera, e ser o intérprete de sua própria obra no palco, era uma grandiosa e arrojada meta. Nosso jovem amigo, como Wagner, tinha suficiente talento para compor um poema dramático, mas teria também a genialidade do mestre alemão para compor uma obra musical repleta de significado e emoção?

Coragem e dúvida se alternavam dentro dele. Vivia com essa idéia fixa na mente, sem conseguir esquecê-la. O que durante anos não passara de um sonho distante, agora se havia transformado numa possibilidade, em sua meta de vida. As primeiras fantasias que compusera ao piano foram como pássaros provenientes de uma ilha distante, a Terra da Remota Possibilidade. Já as baladas e as canções de primavera que mais tarde compôs prenunciavam a proximidade de outra ilha, a Terra do Pode Ser. A Viúva Baronesa via nelas o sinal dessa proximidade, como Colombo deduziu ao avistar os sargaços ainda frescos que a corrente do mar trouxe até ele pouco antes de avistar no horizonte a terra que tanto ansiava encontrar.

Terra à vista! O menino sortudo iria alcançá-la. Uma palavra escutada por acaso fora a semente da idéia. E tinha sido ela, a jovem beldade, fresca e inocente, quem pronunciara a palavra: *Aladim*! O som desse nome retinira em seu íntimo, na alma e na mente do menino bafejado pela sorte, tão sortudo quanto Aladim.

Com atenção e deleite, leu e releu a bela história oriental, imaginando como poderia transformá-la numa ópera. Concebeu uma a uma as cenas, cada qual com sua música, cada ária com sua letra. Quanto mais avançava, mais consistente se tornava a concepção do produto final. A estafante tarefa inicial podia comparar-se à escavação de uma cisterna, mas ao término da labuta, dela jorrou o líquido musical fresco e abundante. Chegara a hora do acabamento, de recompor todo o trabalho, insuflando-lhe força e intensidade. Então, ao fim de alguns meses, o encerramento da obra: estava pronta a ópera *"Aladim"*!

Ninguém tinha conhecimento desse trabalho, ninguém tinha escutado sequer uma linha de sua pauta., nem mesmo seu melhor amigo, o professor de canto. Ninguém no teatro, quando à noite o jovem cantor arrebatava o público com sua voz e sua magistral interpretação, fazia a menor idéia de que aquele estupendo artista, que parecia antes viver do que apenas representar seu papel, logo em seguida, recolhido a seus aposentos, mergulhava num trabalho que o absorvia inteiramente, recolhendo e pondo em ordem o jorro musical que irrompia de sua alma.

O professor de canto nem fazia idéia do que conteria a volumosa pasta de partituras de seu amigo. Que eram composições musicais, ele o sabia, mas até então não lhe tinha sido mostrada sequer uma nota daquele trabalho. Um dia, porém, a partitura completa foi colocada sobre sua mesa para exame e apreciação. Ali estava a obra composta e revista: música e letra. Qual seria sua opinião? Seguramente, firme e justa. Para Peer, era a hora da verdade, e sua expectativa oscilava entre a esperança da aprovação plena e o receio de sofrer a mais dolorosa desilusão.

Dois dias se passaram, e nada de opinião por parte do professor de canto, apesar da importância do assunto. Finalmente ele se postou diante do moço com a partitura nas mãos. Agora, já sabia em que consistia aquele calhamaço. Seu rosto demonstrava uma seriedade peculiar, mas não revelava qualquer indício de sua opinião.

— Eu não esperava por isso — começou ele a dizer. — Se o encontrasse por acaso, jamais imaginaria que fosse de sua autoria. Na realidade, ainda não formei um julgamento claro a respeito deste trabalho, de maneira que não me atrevo a expressá-lo. Notei aqui e ali pequenas falhas quanto ao arranjo, mas que podem ser facilmente corrigidas. Há trechos marcantes e inusitados, que se ouvem com prazer, "embora com algumas restrições". Assim como se observa em Wagner uma certa influência de Carl Maria von Weber, pode-se notar em seu trabalho uma nuance de Haydn. Ainda não tenho condições de julgar certos aspectos musicais que são novos e remotos para mim. Ademais, dada a nossa proximidade, isso impede que eu seja judicioso em minha opinião. Por isso, em lugar de julgá-lo, prefiro dar-lhe um abraço! — e o estreitou entre os braços, radiante de felicidade. — Como é que você foi capaz de compor isso? Você merece a felicidade que demonstra possuir!

Logo se espalhou pela cidade o boato, divulgado à boca pequena, de que o jovem e popular cantor teria composto uma ópera. Não demorou, e a notícia chegou aos jornais, seguida de comentários geralmente maliciosos:

— Comparando, é como se ele não passasse de um alfaiate, tentando montar um casaquinho de menino com os retalhos que encontrou deixados em sua mesa de trabalho... — dizia Fulano.

— Compor a música, colocar palavras e ainda interpretar... — dizia Beltrano. — só se fosse um gênio de três andares! Aliás, isso seria de se esperar de quem nasceu e foi criado num sótão...

— Isso é coisa de duas pessoas, dele e do professor de canto — garantiram alguns. — Eles se admiram mutuamente, e agora vão começar a tocar juntos o tarol que avisa a existência de sua parceria.

A partitura da ópera foi distribuída aos músicos da orquestra para ser estudada, mas nenhum deles quis externar sua opinião.

— Se o fizermos, irão dizer que foi um julgamento parcial, feito por seus colegas de teatro – diziam com ar sério, sem deixar entrever o que teriam achado da música.

— O arranjo prevê um excesso de cornetas! — comentou um jovem trombetista. — Até parece uma fanfarra para chamar a atenção sobre o autor!...

Já outros se desmanchavam em elogios:

— É uma peça genial e brilhante, no que se refere tanto à melodia como ao enredo!

— Amanhã, a esta hora — disse Peer, — o cadafalso estará armado. Creio que o veredicto já foi proferido...

— Alguns estão dizendo que se trata de uma obra-prima — disse o professor de canto; — outros, que é uma mera colcha de retalhos.

— E com quem estará a razão?

— E eu lá posso saber? Olhe para aquela estrela ao longe e me diga em que parte do céu ela está. Olhe para ela com um olho só; primeiro, com o direito, depois com o esquerdo, e vá alternando um e outro. Verá que ela parece mudar de lugar a cada nova espiada. Se os dois olhos de uma mesma pessoa enxergam as coisas dessa maneira, imagine a diferença de pontos de vista que deve haver no caso de uma multidão!

— Seja como for — concluiu o jovem — tenho de conhecer qual é o meu lugar no mundo, saber até onde posso ir, e se devo prosseguir ou parar por aqui.

Chegou a esperada noite, a grande noite da decisão. Duas coisas poderiam acontecer ao conhecido e popular artista: ou granjear um conceito bem mais elevado do que aquele que então gozava, ou sofrer a mais acachapante humilhação, sendo ridicularizado por sua presunção e arrogância. Ou o êxito, ou o fracasso!

A questão envolveu toda a cidade. As pessoas passaram a noite diante da bilheteria do teatro, ávidas por conseguirem ao menos um ingresso.

Bem antes de anoitecer, a casa já estava lotada. As senhoras traziam enormes buquês de flores — que iria acontecer com eles? Voltariam murchos para casa, ou seriam atirados aos pés do vitorioso?

A Viúva Baronesa e sua linda e jovem filha ocuparam o camarote situado acima da orquestra. Havia uma *frisson* no auditório, um murmúrio, uma agitação geral, que cessou de repente quando o maestro tomou seu lugar e começou a reger a abertura.

Quem não se recorda da peça de Hanselt *"Se eu fosse um passarinho"*, cuja música sugere a presença de um bando de pássaros a gorjear? Aquela abertura tinha algo de semelhante, lembrando um bando de crianças a brincar alacremente, num vozerio intenso que se misturava a cantos de cucos e de tordos. Era a diversão e o regozijo das mentes infantis e inocentes — entre elas, a de Aladim. Então desabou uma tempestade; Nuredim manifestou seu poder; o clarão intenso de um relâmpago rachou ao meio a montanha. Seguiu-se uma música suave, enquanto um estranho som provinha da gruta encantada, entre cujas paredes de pedra brilhava a lâmpada maravilhosa. Dentro dela, esvoaçavam grupos de espíritos poderosos. Ouviu-se então o som de uma trompa executando um salmo, tão doce e suave como se murmurado pelos lábios de uma criança. Primeiro, a trompa tocou isoladamente; depois, outra se lhe juntou num dueto; aí, outras trompas foram soando, uma nova de cada vez, até formarem um conjunto harmonioso, que foi crescendo em intensidade e emoção, transformando-se numa orquestra de trompas, como se fossem as trombetas do Juízo Final. Nesse instante, a lâmpada já estava nas mãos de Aladim, e a orquestra soou com todos os seus instrumentos, inundando o teatro num verdadeiro mar de melodia e grandiosidade, arrebatando o público a um ponto tal que somente os grandes líderes espirituais e os mestres da música sabem como fazer.

A cortina subiu por entre uma tempestade de aplausos, qual uma fanfarra regida por um maestro. Um belo rapazinho estava brincando. Já era bem crescido, mas transpirava inocência: era Aladim, que saltitava no meio da meninada. Se estivesse assistindo à peça, sua Avó certamente teria dito:

— Era assim que Peer brincava e pulava entre a estufa e o baú no sótão em que morávamos. Em sua alma, ele ainda hoje não tem um ano a mais do que então tinha.

Era de se ver a fé e a sinceridade com que ele cantava a prece que Nuredim lhe ensinou, antes de entrar na caverna para pegar a lâmpada. O público, em êxtase, nem piscava. O que mais o seduzia teria sido a pureza da melodia religiosa, ou a inocência com a qual ele a entoava? Ao final da cena, estrugiram os aplausos, parecendo que não iriam cessar. De todos os pontos da platéia soaram pedidos de bis.

Teria sido um desrespeito repetir-se a canção. A platéia pediu, mas não lhe foi concedido. A cortina desceu: terminara o primeiro ato.

Os críticos estavam sem fala; o público, tomado de enlevo e admiração, preparado para a seqüência do espetáculo, na certeza de que iria presenciar novas cenas fantásticas e arrebatadoras.

Uns poucos acordes soaram vindos da orquestra, e a cortina subiu. A explosão da música, como na *Armida* de Gluck ou na *Flauta mágica* de Mozart prendia a atenção de todos à medida que a cena se desenrolava, mostrando Aladim no jardim maravilhoso. Uma música suave e sussurrante saía das flores e das pedras, das fontes e cavernas profundas, diferentes melodias que se superpunham e se mesclavam, compondo uma esfuziante harmonia. Uma ária de espíritos foi ouvida no coro, ora se distanciando, ora se aproximando; ora mais intensa, ora se tornando quase inaudível. Fazendo contraponto com essa harmonia e sendo, por assim dizer, acompanhado por ela, Peer passou a entoar o monólogo de Aladim, uma peça musical que de fato merecia a classificação de grande ária, ao mesmo tempo em que encarnava o personagem com uma enorme força de expressão, deixando extravasar todo o seu talento dramático. A voz vibrante e agradável, a música intensa interpretada com o coração, deixou a platéia esmagada e tomada por um enlevo que atingiu o clímax quando ele por fim alcançou a lâmpada mágica e foi saudado pelo coral dos espíritos. Era a cena final.

De todo lado, chovia no palco uma profusão de flores, formando um tapete que se espalhou a seus pés.

Que momento fantástico para o jovem artista — era o sucesso, a glória suprema! Mais magnífico do que aquele, nunca mais, pensou Peer. Uma coroa de louros tocou seu peito e caiu diante dele.

Peer viu de quais mãos ela tinha vindo. Viu a jovem no camarote próximo ao palco, a jovem baronesa, surgindo como um espírito de beleza, compartilhando jubilosamente de seu triunfo.

Uma labareda percorreu todo o seu corpo. Sentiu que o coração inchava, numa alegria indizível. Ele se inclinou, apanhou a coroa de louros no piso, apertou-a contra o peito e, sem que ninguém entendesse o porquê, deixou-se cair de costas no chão. Desmaiado? Morto? Que teria acontecido? A cortina foi baixada.

– Ele morreu! – ecoou o grito em toda a casa.

Morreu no momento do triunfo, como Sófocles nos Jogos Olímpicos, como Thorvaldsen no teatro durante a execução da Nona Sinfonia de Beethoven. Rompeu-se uma artéria em seu coração e, como num fulgor de relâmpago, seus dias chegaram ao fim. Findaram sem dor, em meio a um triunfo terreno, em pleno cumprimento de sua missão na terra. Peer, o Sortudo! Mais afortunado que milhões!

AS CARTAS NOBRES DO BARALHO

Oh, quanta coisa maravilhosa pode ser feita e montada com papelão! Foi com papelão que se cortou, colou e montou um castelo de brinquedo tão amplo que tomava todo o tampo de uma mesa, e pintado com tal perfeição que suas paredes pareciam ser construídas de tijolos de verdade. Seu telhado de cobre rebrilhava; ele tinha várias torres e uma ponte levadiça; a água nos fossos parecia vidro laminado, e de fato era feita desse material. Na torre mais alta, estava postada uma sentinela, cortada em madeira, tendo nas mãos uma corneta que jamais era tocada.

Tudo isso pertencia a um garotinho chamado Guilherme. Ele mesmo suspendeu e baixou a ponte levadiça, fazendo com que seus soldadinhos de chumbo passassem marchando por ela. Abriu a porta do castelo para poder espiar dentro da espaçosa sala de recepção, onde todas as figuras de baralho de todos os naipes — copas, ouros, paus e espadas — pendiam das paredes, como se fossem os quadros que geralmente se encontram nas salas de um castelo de verdade. Cada Rei empunhava um cetro e trazia na cabeça uma coroa. As Damas usavam véus que caíam delicadamente sobre seus ombros, tendo nas mãos ou uma flor, ou um leque. Já os Valetes traziam nas mãos alabardas e plumas esvoaçantes.

Certa noite, o menino espiou através das portas abertas do castelo para dar uma olhadela nas figuras de baralho existentes na sala de recepção. Pareceu-lhe que os Reis ergueram os cetros para saudá-lo, que a Dama de Espadas acenou para ele com a tulipa dourada que trazia na mão, que a de Espadas abriu o leque, e as outras duas demonstraram de algum modo que o tinham visto. Quando ele chegou o rosto mais perto para enxergar melhor, sua cabeça encostou nos muros do castelo, fazendo-o balançar. Preocupados, os quatro Valetes — de Copas, de Ouros, de Paus e de Espadas — ergueram suas alabardas e o alertaram para não se atrever a entrar ali dentro.

O garoto compreendeu o gesto e fez-lhes um aceno amistoso de cabeça. Em seguida, dirigindo-se a eles, perguntou, encarando-os com ar de desafio:

— Por que não falam? Digam alguma coisa!

Mas as figuras nada disseram. Ele então fez de novo um aceno desafiador, dirigido principalmente ao Valete de Copas, que lhe deu impressão de estar querendo dizer alguma coisa. E, de fato, o Valete de Copas saltou fora de sua carta e se postou diante da porta do castelo, perguntando ao menino:

— Qual é o teu nome? Vejo que tens olhos brilhantes e bons dentes, mas que só de raro em raro lavas as mãos.

Não era um modo muito educado de iniciar uma conversa, mas Guilherme não se importou e respondeu:

— Meu nome é Guilherme. Esse castelo aí é meu, e você é o meu Valete de Copas.

— Teu, coisa nenhuma! Sou o valete do meu Rei e da minha Dama. Como vês, posso escapar de meu quadro e até de minha carta de baralho. Meu Rei e minha Dama também o podem, e com mais facilidade que eu! Se quiséssemos, poderíamos sair pelo vasto mundo afora, mas achamos isso cansativo e desinteressante. Para nós, é mais conveniente e agradável ficarmos quietos dentro de nossas cartas, observando o que acontece a nossa volta.

— Quer dizer que um dia vocês todos já foram seres humanos? — perguntou o menino.

— Seres humanos?... Hum... sim, mas não fomos tão bons como deveríamos ter sido. Agora vou pedir-te que, por favor, acendas uma vela para mim. Pode ser uma velinha vermelha, daquelas que se põem nos bolos de aniversário, já que vermelho é a cor de meu Rei e minha Dama. Depois que fizeres isso, vou contar-te nossa história, já que disseste ser o dono deste castelo. O que disseste foi isso, não foi? Mas faze o favor de não me interromper enquanto eu conto a história, porque, se há uma coisa de que não gosto, é ser interrompido quando estou falando.

Entendendo o silêncio do menino como consentimento, limpou a garganta e continuou:

— Estás vendo meu Rei, aquele ali, de Copas? Dos quatro Reis, é ele o mais velho e que governa há mais tempo. Já nasceu reinando, com uma coroa de ouro na cabeça e uma maçã de ouro na mão. Já a Dama de Copas nasceu com um leque de ouro na mão, e nunca mais o largou. Desde a infância que a vida tem sido maravilhosa, tanto para ele como para ela. Para começar, não tiveram de ir à escola, tendo o dia inteiro para farrear, para construir e derrubar castelos de cartas, para brincar com soldadinhos de chumbo ou com bonecas. Quando pediam pão com manteiga, a fatia vinha bem besuntada, e dos dois lados! E, ainda por cima, vinha salpicada com açúcar mascavo! Isso aconteceu naqueles dias maravilhosos conhecidos como "Anos Dourados", mas que acabaram cansando, não só a eles, como a mim também. Mas foi um tempo muito bom, que durou até que o Rei de Ouros assumiu o governo.

Depois disso, o Valete de Copas calou-se e nada mais falou. O menino ficou esperando que ele continuasse, mas ele não disse mais uma sílaba sequer. Incomodado, Guilherme perguntou:

— E então? Que mais que houve?

Nenhuma resposta. O Valete manteve-se ereto e mudo, com os olhos fixos na vela acesa a sua frente. Mesmo depois que Guilherme lhe fez sinais para prosseguir, ele nada mais disse. Então o menino voltou-se para o Valete de Ouros e acenou com a cabeça três vezes. O valete pulou fora da carta e se postou diante do portão. Dizendo apenas duas palavras:

— Vela vermelha.

Compreendendo o que ele queria, Guilherme procurou outra velinha igual à que já estava acesa. Depois de acendê-la também, colocou-a diante do Valete de Ouros, que logo pôs a alabarda junto ao peito, num gesto militar de "apresentar armas", e disse:

— Então o Rei de Ouros assumiu o poder — um Rei com uma janelinha de vidro no peito, igual à que tinha a Dama, e através das quais se podia ver dentro deles. Sob todos os outros aspectos, porém, eles tinham conformação idêntica à de um ser humano normal, Eram tão amáveis que o povo até ergueu um monumento em sua homenagem. Ele se manteve de pé apenas durante sete anos, embora tenha sido erigido com a intenção de durar para sempre.

Dito isso, o Valete de Ouros apresentou armas e passou a olhar fixamente para a vela acesa.

Imediatamente, sem qualquer aceno de encorajamento por parte de Guilherme, o Valete de Paus desceu do quadro, com o mesmo aspecto grave das cegonhas que caminham a passos largos através das campinas. Como se fosse um pássaro, o trevo preto de três folhas, que fica no canto direito superior de sua carta de baralho, saiu voando atrás do Valete, mas depois voltou a pousar em seu lugar de sempre, onde estava acostumado a ficar. Sem esperar que Guilherme lhe acendesse uma vela, do modo como o tinham feito os valetes vermelhos, o Valete de Espadas disse:

— Nem todos ganham fatias de pão com manteiga passada dos dois lados, e ainda por cima polvilhadas com açúcar. Meu Rei e minha Dama não tiveram esse privilégio. Foram obrigados a freqüentar a escola e aprender o que ali se ensina. Também tinham pequenas vidraças no peito, mas ninguém olhava dentro deles, a não ser para examinar se estava acontecendo alguma coisa errada, e se era possível encontrar algum motivo de repreensão. Sei disso porque tenho servido aos dois durante toda a minha vida. Sei tudo sobre eles e obedeço todas as suas ordens. Uma delas foi a de que eu nada mais dissesse durante esta noite; por isso, apresento armas e fico em silêncio.

Mesmo sem ele pedir, Guilherme acendeu uma vela em sua homenagem, e das bem branquinhas.

Depressa — mais rápido do que o tempo gasto para acender a vela — o Valete de Espadas se apresentou diante do portão. Veio correndo, embora mancasse de uma das pernas. Estalava e guinchava, como se estivesse quebrado. De fato, sua vida tinha sido uma sucessão de altos e baixos. E ele falou assim:

— Estou vendo que cada qual ganhou sua vela, e eu também quero uma para mim. Eu mereço. Mas se nós, simples Valetes, somos assim homenageados, nossos Reis e Damas terão de receber tríplices honrarias. E, no caso dos meus, eles têm direito de receber quatro velas cada um. Sua história e seus sofrimentos são tão tristes e infelizes que eles têm boas razões para estarem vestidos de luto e usar uma pá de cavar túmulo em sua cota de armas. Pobre de mim, Valete de Espadas, que num jogo de baralho sou até chamado de "Gato Preto"!... Sim, senhor! E num outro jogo, me dão um apelido ainda pior, que nem gosto de dizer...

Então, olhando para um lado e para outro, segredou:

— O apelido é "Doido Varrido!" — e continuou: — Logo eu, que cheguei a ser o primeiro cavaleiro do Rei de Espadas. Agora sou o último! Não vou contar a história de meus amos reais, pois eles não gostam de que eu a revele. Tu, pequeno dono deste castelo, podes imaginar qual teria sido essa história, melancólica a mais não poder. Eles, por assim dizer, chegaram ao fundo do poço, e seu fado é não serem capazes de mudar para melhor até que todos nós cavalguemos o cavalo vermelho mais alto do que as nuvens.

E o pequeno Guilherme tratou de acender três velas para cada Rei e três para cada Dama, a não ser no caso do casal real de Espadas, para os quais ele acendeu oito — quatro para cada um. Com isso, a sala de recepção ficou tão feericamente iluminada como o palácio do mais rico dos imperadores. Os quatro Reis e as quatro Damas acenaram com a cabeça em agradecimento pela homenagem, de maneira serena e graciosa. A Rainha de Copas agitou seu leque dourado; a Dama de Espadas girou sua tulipa dourada como se fosse uma roda de fogo. Os casais reais desceram de seus quadros e se desprenderam de suas cartas, e começaram a dançar ali mesmo um gracioso minueto, indo e vindo entre as velas acesas, enquanto os Valetes marcavam o compasso com os pés e as mãos.

De repente, todo o pátio começou a arder em chamas. O fogo rugia através das janelas e das muralhas, e tudo se transformou numa cortina de labaredas que estalava e assobiava. Todo o castelo foi envolto em fogo e fumaça. Guilherme ficou apavorado! Saiu correndo, chamando Papai e Mamãe, e gritando:

— Fogo! Fogo! Meu castelo pegou fogo!

Enquanto o castelo de papelão refulgia e resplandecia, podia-se ouvir, saindo do meio das chamas, mas das chamas, um canto que dizia:

> Montando os rubros corcéis,
> Finalmente nós estamos,
> E, bem acima das nuvens,
> Agora nos encontramos.
>
> Reis e Damas cavalgamos
> Estes fogosos corcéis,
> Vindo, logo atrás de nós,
> *Nossos Valetes fiéis*

Sim! Foi esse o fim do Castelo de Guilherme e de sua Corte das Cartas de Baralho. Guilherme ainda vive por aí. Ele hoje lava as mãos com freqüência. E quanto ao fogaréu que devorou seu castelo, convenhamos: não foi culpa dele...

A presente edição de ÚLTIMOS CONTOS de HANS CHRISTIAN ANDERSEN é o Volume de número 27 da Coleção Grandes Obras da Cultura Universal. Capa Cláudio Martins. Impresso na Líthera Maciel Editora e Gráfica Ltda., à rua Simão Antônio 1.070 - Contagem, para a Editora Itatiaia, à Rua São Geraldo, 67 - Belo Horizonte - MG. No catálogo geral leva o número 01116/6B. ISBN. 85-319-0734-9.